LE CERCLE DE CRAIE.

Lithographed for the Oriental Translation Fund, by C. Ingrey, 310 Strand.

記闌灰

HOEÏ-LAN-KI,

OU

L'HISTOIRE DU CERCLE DE CRAIE,

DRAME EN PROSE ET EN VERS,

TRADUIT DU CHINOIS ET ACCOMPAGNÉ DE NOTES ;

PAR STANISLAS JULIEN.

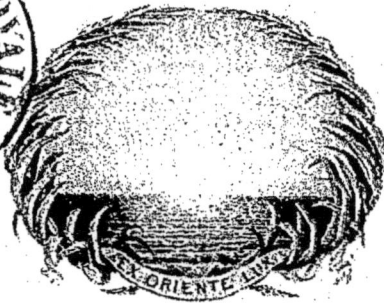

LONDON:

PRINTED FOR THE ORIENTAL TRANSLATION FUND
OF GREAT BRITAIN AND IRELAND.

SOLD BY

JOHN MURRAY, ALBEMARLE STREET ;
AND PARBURY, ALLEN, & CO., LEADENHALL STREET.

M.DCCC.XXXII.

À LONDRES:

De l'Imprimerie de Cox père et fils, Great Queen Street,
Lincoln's-Inn Fields.

À

SIR G. T. STAUNTON, BARONET,

DOCTEUR EN DROIT, MEMBRE DU PARLEMENT,

DE LA SOCIÉTÉ ROYALE,

VICE-PRÉSIDENT DE LA SOCIÉTÉ ROYALE ASIATIQUE,

&c. &c. &c.

HOMMAGE DE RESPECT

ET DE RECONNAISSANCE,

OFFERT PAR

LE TRADUCTEUR.

PRÉFACE.

━━━◆━━━

LE drame que nous offrons aujourd'hui au public, est tiré du répertoire du théâtre chinois,* intitulé *Youen-jin-pe-tchong*, c'est-à-dire, " Les cent
pièces composées sous les Youen," ou princes de
la famille de Tchingkiskhan, qui ont régné sur la
Chine depuis 1259 jusqu'en 1368.

On connaissait déjà en Europe trois pièces du
même recueil : *L'Orphelin de la famille Tchao*, mis
en français par le P. Prémare, missionnaire à
Péking ; *Le Vieillard qui obtient un fils*, et *Les
chagrins du palais de Han*, par M. Davis, attaché
à la factorerie de Canton.

Toutes les pièces de la collection des Youen se
composent de deux parties bien distinctes, d'un
dialogue en prose et de vers irréguliers, qui res-
semblent beaucoup aux ariettes de nos opéras.
Ces morceaux lyriques, que l'auteur réserve pour
les endroits les plus pathétiques et les plus pas-
sionnés, sont écrits souvent dans un style poétique
très élevé, qui est à peine connu en Europe. On

* Cette pièce est la 64e. de la collection.

a

doit donc regretter que le P. Prémare et M. Davis*
n'aient pas jugé à propos de nous donner une traduction complète de ces passages en vers, qui
occupent ordinairement la moitié et quelquefois
même les trois quarts de chaque pièce.

Monsieur Davis† motive ainsi cette omission :
" Plusieurs passages ont été incorporés dans notre
version, mais le traducteur ne les a pas donnés
tous, par la même raison qui a empêché le P. Prémare d'en donner *aucun*. Ces chants‡ sont diffi-

---

* On n'accusera point ces deux savants d'avoir passé ce qu'ils n'enten-
daient pas. Ils ont fait leurs preuves. Monsieur Davis a traduit littéralement
tous les vers du roman *Hao-khieou-tchhouen*. (Voy. sa préface, p. xxii.)
Le P. Prémare a composé, sous le titre de *Notitia linguæ sinicæ*, un vaste
répertoire grammatical, qui, au jugement de son biographe, contient " plus
de douze mille phrases bien traduites, et près de cinquante mille caractères
chinois."
Cette grammaire a été imprimée à Malacca, sur la copie qu'en avait faite
en 1825, la personne qui écrit ces lignes. En la transcrivant on a fait disparaître un grand nombre de fautes de latin et de chinois qui existent dans
le manuscrit que possède la Bibliothèque royale de Paris. Ces fautes doivent
être attribuées aux deux copistes dont s'était servi l'auteur. Mais pour les
corriger toutes, il eût fallu joindre à l'ouvrage un travail critique qui
n'entrait pas dans le but de l'éditeur. Le P. Prémare annonce (p. 262)
qu'il a été forcé de laisser sa grammaire incomplète, faute d'avoir le second
volume de l'ouvrage intitulé *Kou-hio-keou-hiouen*. Nous tâcherons de
remplir cette lacune, si nous pouvons nous procurer le cahier qui contient
les phrases de cinq caractères et au dessus. Ce serait peut-être une
occasion favorable pour publier, à la suite de ce supplément, les *emenda-
tiones* que semble réclamer l'état actuel de l'édition, et un *index* universel
des mots et des phrases.

† Préface de *Han-kong-thsieou*, pag. 3.

‡ Dans ce passage, les mots *ces chants*, jusqu'à *apercevoir*, appartiennent à la préface de *L'Orphelin de la famille Tchao*. Voyez Duhalde,
tom. iii. p. 421.

ciles à entendre, surtout pour les Européens, parce
qu'ils sont remplis d'allusions à des choses qui
nous sont inconnues, et de figures de langage dont
nous avons de la peine à nous apercevoir. Ordinairement ce ne sont que des répétitions et des
amplifications des parties en prose, qui, étant
plutôt destinées à flatter l'oreille que les yeux,
paraissent mieux convenir à la scène qu'à la lecture du cabinet.''

Il ne m'appartient pas de me prononcer sur ce
jugement de monsieur Davis, qui réside en Chine
depuis vingt ans, et qui connaît sans doute à fond
tout le théâtre chinois. Je dirai seulement que dans
vingt autres drames, comédies et opéras, que j'ai
lus * jusqu'ici, les vers chantés m'ont paru jouer
absolument le même rôle que dans *L'Histoire du
cercle de craie*. Nous laisserons donc au public
instruit le soin de décider si les passages lyriques,
qui font souvent partie du dialogue,† pouvaient
être omis comme redondants, et si le lecteur eût été
à portée de remplir, d'après ce qui précéde, les
lacunes qu'aurait laissées leur retranchement. En
nous efforçant de traduire en entier tous les vers
de *L'Histoire du cercle de craie*, nous n'avons fait

---

* Les pièces 3, 7, 8, 13, 19, 22, 25, 32, 53, 61, 73, 75, 76, 80, 85, 86, 89,
91, 94, 100. Nous nous proposons de publier bientôt quatre de ces pièces
que nous venons de traduire : *L'Avare* (91), *Pheng-iu-lan* (100), *Le Ressen-
timent de Teou-ngo* (86), et *La Chemise confrontée* (8).

† Voy. pag. 15, 16, 17, 18, 28, 29, 30, 31, 46, 47, 48, 49, 62, 63, 64, 81,
82, 83, 84, 85.

que suivre le conseil que donne monsieur A. Rémusat, dans le Journal des Savants, en rendant
compte de la dernière pièce traduite par M.
Davis. " On ne connaîtra véritablement le théâtre
chinois que quand un littérateur,* profondément
versé dans l'intelligence de la langue, s'attachera
à traduire en totalité plusieurs drames chinois, pris
parmi les plus estimés, sans aucune suppression,
et en ajoutant, s'il le faut, un commentaire aux
parties qui ne sauraient être complètement enten-
dues sans ce secours."

Nous nous proposons de publier un choix de
pièces de théâtre, prises parmi celles que nous
avons lues, ou qui nous restent encore à lire dans
la même collection. Mais nous attendrons pour
continuer que des juges compétents se soient pro-
noncés sur le système de traduction que nous avons
suivi. S'ils s'accordent à regarder comme super-
flus les passages lyriques, notre tâche se trouvera
abrégée de plus de moitié.

Les difficultés que signale Prémare et que reconnaît monsieur Davis, viennent, tantôt de figures
de langage empruntées aux trois règnes, ou de
comparaisons dont on ne peut saisir les rapports
qu'à l'aide d'une foule d'idées intermédiaires, et de
connaissances spéciales, qui s'acquièrent moins
dans les livres que dans le commerce et la société
des lettrés ; tantôt elles naissent d'allusions aux

* Quod profiscine dicatur.

usages, aux superstitions, aux contes et aux tra-
ditions populaires, aux fictions de la fable et de
la mythologie, ou aux opinions fantastiques des
Chinois.

Ces obstacles, particuliers à la poésie chinoise,
ne peuvent jamais arrêter une personne qui réside
en Chine,* entourée de toutes les ressources qu'of-
frent les explications des naturels,† et des dictionnaires en cent et en deux cents volumes‡ qui
n'existent point chez nous.

La condition des sinologues d'Europe est loin
d'être aussi favorable, et, dans l'état actuel de nos
connaissances, il semble que tout accès à la poésie
chinoise leur soit interdit encore pour long-temps.
" On possède, même en Europe," dit Monsieur
Davis,§ " des secours suffisants pour comprendre
les compositions en prose ; mais jusqu'à ce qu'on
ait compilé un dictionnaire de la poésie chinoise

* " Toutes les fois qu'il s'est présenté des passages douteux, plusieurs
naturels (natives) ont été consultés séparément, et l'on a adopté le sens qui
a paru le plus conforme au génie de la langue et au but de l'original." M.
Davis, Préface du Vieillard qui obtient un fils, p. xlix.—" L'auteur de cet
écrit a demandé sur ce point des éclaircissements à son Sien-seng (son professeur chinois)." M. Davis, Mémoire sur la poésie chinoise, p. 439.

† " La résidence au milieu des naturels, et le secours qu'on peut réclamer d'eux pour les passages difficiles, sont peut-être, dans l'état actuel
des choses, une condition indispensable pour composer une traduction
irréprochable d'un morceau poétique quelconque." M. A. Rémusat,
Journal des Savants, 1830, p. 584.

‡ Le dictionnaire poétique Peï-wen-yun-fou a 130 vol. et le dict. Phing-
tsee-louï-pien, 220 vol. in 8vo. On peut se les procurer à Canton.

§ Préface du Hao-khieou-tchhouen, p. xvii.

(ouvrage dont le besoin se fait vivement sentir aujourd'hui), on peut regarder ce sujet d'étude comme placé presque hors de la portée des sinologues Européens."[*]

Il serait intéressant de montrer au public en quoi consistent les obstacles multipliés qui entourent la poésie chinoise, et en font pour ainsi dire une langue distincte de la prose, qui a sa construction, ses locutions propres, sa syntaxe, et, si je puis parler ainsi, son vocabulaire particulier. Mais toutes les généralités qu'on pourrait rassembler ici, n'en donneraient jamais qu'une idée vague et incomplète. Nous pensons que le meilleur moyen d'atteindre ce but, est de citer un certain nombre d'expressions, qui présentent, dans leur ensemble, des exemples frappants des principales difficultés. La poésie chinoise abonde de mots polysyllabes, qui ne se trouvent point dans nos dictionnaires, et dont les parties composantes, traduites littéralement, ne sauraient donner le sens.

Il n'est presque pas une des expressions que nous allons rapporter, qui ne pût nous fournir matière à des notes ou à des rapprochements

---

" La poésie chinoise est véritablement intraduisible, on pourrait peut-être ajouter qu'elle est souvent inintelligible." M. A. Rémusat, *Iu-kiao-li*, t. I. p. 63. Le même auteur (Journal des Savants, 1830, p. 89.) " Nous avons dit plusieurs fois dans ce journal et ailleurs, pourquoi il serait téméraire d'entreprendre en Europe une tâche aussi difficile" (la traduction complète de la prose et des vers des meilleures pièces de théâtre).

curieux. Mais il nous faudrait sortir des bornes que nous nous sommes tracées. Nous nous contenterons de donner de temps en temps les éclaircissements qui nous paraîtront indispensables pour faire sentir la valeur des principales locutions. Quand des lectures plus étendues et plus complètes nous auront initié davantage dans l'intelligence de la poésie chinoise, nous publierons, sous forme de dictionnaire, toutes les expressions difficiles que nous aurons recueillies, en les accompagnant des explications de tout genre que nous aurons puisées dans les auteurs chinois.

Nous devons prévenir le lecteur qu'un nombre assez considérable des locutions suivantes s'emploie non seulement dans la poésie, mais même dans la prose moderne. Cette considération doit frapper les sinologues, et les engager à s'occuper davantage d'une étude sans laquelle il est presque impossible d'entendre les endroits difficiles et de sentir les beautés des romans, des nouvelles, des pièces de théâtre, du style épistolaire relevé et de toutes les compositions élégantes que l'on appelle *Wen-tchang.*

Les chinois font un usage très fréquent, on pourrait dire un abus, du mot *jade,* ou pierre de *Iu,* pour exprimer la qualité de ce qui est rare, précieux, distingué, agréable à la vue, exquis au goût, d'une blancheur éclatante, &c.

" La rosée de *jade,*" signifie la rosée d'automne.

" L'éclat de *jade :*" le mari de la fille. " L'étage de *jade :*" les épaules. " Les bâtonnets* de *jade :*" les larmes. " La montagne de *jade :*" la tête. " Le son de *jade :*" la voix de l'empereur. On dit aussi dans le style épistolaire : " donnez-moi le son de *jade :*" c'est-à-dire, donnez-moi de vos nouvelles. " Les planches de *jade :*" le papier. *Item* : les feuilles des jeunes pousses de bambou. " Le lapin† de *jade :*" la lune. " Les balles de *jade :*" les œufs. " La sciure de *jade ;*" " la poussière de *jade :*" la farine. " Le suc de *jade ;*" " le jus de *jade ;*" " la chose de *jade :*" le vin délicieux. " Une personne de *jade :*" une belle femme, une épouse ou une maîtresse. " Le tronc de *jade :*" l'empereur, considéré comme chef de famille. Cette expression se lie ordinairement à celle de " rameaux *d'or*," qui désigne les enfants, les descendants de l'empereur. " Le livre de *jade :*" le livre généalogique de la famille impériale. " La tige de *jade :*" en latin, *phallus.* " Une colonne de *jade :*" un pain long, de farine de froment. " La peau de glace, les os de *jade :*" le calice de la fleur Meï. " Du *jade* cuit, de l'or bouilli :" des mets exquis. " Le *jade* enterré," en latin, *corpus jam sepultum.* " Le noble *jade :*" votre fille. " Un frère de *jade*, un ami d'or :" deux frères

---

* Le mot chinois (*tchou*) désigne ordinairement les petits bâtons dont les chinois se servent pour manger.

† Pièce 100, Acte ii. p. 11.

également vertueux. " Semer le *jade* dans Lan-
thien :" donner des présents de noce, &c.."

Expressions où domine un nom de couleur.
" Avoir des sourcils *blancs* :" l'emporter sur ses
frères, sur la multitude, par ses talents. " Faire
des yeux *blancs*, c'est-à-dire, montrer le *blanc* de
ses yeux :" faire un mauvais accueil à quelqu'un.
L'opposé est : " faire des yeux *noirs*, montrer sa
prunelle *noire* :" faire un bon accueil. " Le président des nuages* *blancs* :" le président du tribunal des peines. " La maison *blanche* :" la
maison du pauvre. " L'empereur *blanc* :" l'empereur Chao-hao.

" Un bonnet *jaune* :" un Tao-sse, un sectateur
de Lao-tsee. " La salle *jaune*, la ceinture† *jaune* :"
le préfet d'un département. " Un papier *jaune* :"
un décret impérial. " Les portes *jaunes* à deux
battants :" les fonctionnaires qui sont chargés de
remettre à l'empereur et de recevoir de lui les mes-
sages officiels. " A *yellow* council-chamber :" un
ministre d'état. " La porte *jaune* :" la porte de
l'appartement de l'empereur. " Une bouche‡
jaune :" un enfant. " Des cheveux *jaunes* :" un
vieillard très âgé. " Avoir du *jaune* § dans la
bouche :" corriger, rectifier ce qu'on a dit.

---

* Le poëte Li-kia-yeou.

† Le mot que nous traduisons ici par *ceinture*, est une large bande de soie
à laquelle le préfet attache son cachet.

‡ Ces deux expressions se trouvent dans *Khang-hi.*

§ Anciennement on écrivait sur du papier jaune. Quand on avait tracé

" La fille *bleue* :" l'esprit qui préside à la gelée et à la neige. " Le palais *bleu* :" la partie du palais qu'habite l'empereur. " La ceinture *bleue* :" le préfet d'un district. " L'étage *bleu*," en latin, *fornix, lupanar*. " Le désir des nuages *bleus* :" le désir d'acquérir une grande réputation par les succès littéraires. " Fouler le *vert*,* la *verdure* :" visiter les tombes, le six avril. " L'empereur *vert*, ou du printemps :" l'empereur Thaï-hao.

" L'étage *rouge* :"† l'habitation d'une fille riche. " Le parfum *rouge* :" les plaisirs des sens. " La poussière *rouge* :" les jouissances, les pompes mondaines, le monde, par opposition à la vie religieuse. " Un point *rouge*," en latin *meretrix*. " Une feuille *rouge* :" une demande de mariage faite par écrit. " Solliciter le lien de soie *rouge* :" demander la main d'une fille.—" La colline‡ *rouge* :" le lieu où il fait clair jour et nuit, le séjour des dieux. " Avaler le *rouge* :" mourir, en parlant d'un Tao-sse. " L'or et le *rouge*, ou vermillon :" le breuvage d'immortalité, composé par

un caractère incorrect, on le couvrait d'une couche de couleur jaune, sur laquelle on l'écrivait de nouveau.

* En chinois *tsing*. C'est le même mot que nous avons traduit plus haut par *bleu*. Il a ces deux sens. Voy. Morrison, *part* 11, No. 10,978.

† Dans ces exemples et les suivants, nous traduisons par *rouge* plusieurs mots chinois qui expriment différentes nuances de *rouge*. S'il s'agissait de faire un dictionnaire, nous tâcherions d'être plus exacts. Nous avons eu soin de séparer par un tiret—les exemples où le mot *rouge* est exprimé en chinois par un caractère différent.

‡ Le poète *Tchhin-tsee-ngao*.

les sectateurs de Lao-tsee. " L'olea fragrans *rouge:*" les palmes académiques.—" La maison *rouge:*" la maison d'un homme riche et puissant. —" Les frontières *rouges:*" le lieu où l'on livre bataille. " Le cachet d'argile *rouge:*" circulaire que le Tchoang-youen (celui qui a obtenu le plus haut grade littéraire) envoie pour annoncer son élection. " Le cheval *rouge:*" le préfet d'un département. " Monter de nouveau sur le livre *rouge:*" être rappelé à la vie; être ramené au milieu des vivants. " Le palais *rouge:*" le demeure des dieux.

" Des nuages *noirs:*" des cheveux artificiels. " Des jeunes gens (de la rue) des habits *noirs:*" des jeunes gens appartenant à une famille noble et opulente. " Une ceinture *noire:*" un prince feudataire. " L'empereur *noir:*" l'empereur Tchouen-ti. " L'envoyé *noir:*" le démon qui préside au vent et à la pluie.

" La fenêtre *verte:*" la maison d'une fille pauvre, &c.

Expressions où dominent des noms d'oiseaux, ou l'idée d'oiseau. " La ville du *phénix** mâle:*" Si-ngan-fou. " La salle du *phénix* mâle:*" l'appartement de l'empereur. " Plume du *phénix* mâle:*" fils qui ressemble à son père. " L'étang du *phénix* mâle et du *phénix* femelle:*" la maison

---

* Pièce 8, fol. 2, *recto.*

d'un tchong-chou.* " Le bonnet du *phénix* mâle :"
le bonnet de la mariée. " La divination (par le
vol et le chant) du *phénix* mâle :" l'action de rechercher, par la divination, si l'on sera heureux
avec la femme qu'on veut épouser. " Marcher
comme les *oies* :" céder le pas à son frère aîné.
" La porte de *l'oie* :" le champ de bataille. " Patte
d'oie :" chevalet d'un instrument à cordes. " Recevoir *l'oie* :" recevoir les présents de mariage.
" La tour des *oies* :" la liste de ceux qui ont obtenu le grade de docteur.

" Le *canard* endormi, le *canard* d'or, le *canard*
précieux :" cassolette à brûler des parfums. " La
tête de *canard*." espèce de vaisseau. " Les nerfs
de *poule* :" une personne petite de corps. " Ki-
jin (vulgo : *poule*-homme) :" celui qui surveille,
dans le palais impérial, la clepsydre de nuit. " La
poule qui saute :" espèce de grenouille. " Langue
de *poule* :" parfum extrait des fleurs d'un certain
arbre. " Chair de tête de *coq* :" espèce de *nym-
phæa*. " Chair de tête de *coq*, nouvellement de-
pouillée :" en latin, *rubicundæ papillæ*. " Queue
d'hirondelle :" des ciseaux. " Le terme de *l'hirondelle* ;" " l'époque du mariage :........

" Recevoir la fleur *fou-yong*† dans la maison
d'or :" épouser une belle personne. " La mer

* Voy. Morrison, *part* i. *col.* i. p. 811 (25).
† Louï-fong-tha.

d'argent :" les yeux. "La racine *d'or :*" le char de l'impératrice. "Le vase *d'or* * à flèche *d'argent :*" la clepsydre, ou horloge d'eau. "Le palais *d'argent :*" le séjour des dieux. "L'éclat *d'argent :*" le vin distillé des chinois. "Le sable *d'argent :*" le sel. "La soie *d'argent :*" la fleur de farine, &c.

Expressions où dominent des noms d'animaux réels, ou fabuleux. "Abîme de *dragon ;*"† "source de *dragon :*" sorte d'épée. "La barbe du *dragon :*" la barbe de l'empereur. "La race du *dragon :*" prince feudataire de la famille impériale. "Le *dragon* s'envole :" l'empereur monte sur le trône.

"Long-pin (vulgo : *dragon*-hôte)," "pilules de *dragon :*" de l'encre. "Ching-long (vulgo : monter-*dragon*) :" un gendre noble et riche. "Le petit-fils du *dragon :*" un petit-fils distingué. "S'attacher au *dragon* ‡ et au phénix :" fréquenter les hommes vertueux. "Jets de *dragon :*" espèce de thé. "*Dragon* § endormi :" surnom du général Tchou-ko-liang. "Visage du *dragon* à cornes :" surnom de l'empereur Hoang-ti. "La tête du *dragon* appartient au vieillard :" cet homme a obtenu des grades littéraires dans un âge avancé. "Incliner la tête à la porte du *dragon :*" avoir

---

* Le poète *Li-thaï-pe.*   † *Kou-wen-kouan-tchi.*

‡ *Thang-chi, Kou-chi,* iv. fol. 3.

§ Il était né à *Ngo-long-thong.* Les deux premières syllabes de ce mot signifient *dragon endormi.*

échoué au concours ; s'en retourner sans avoir obtenu le grade de docteur.

" La ville des *brebis :*" Canton. " Le lieu où les *bœufs* dorment :" terre heureuse, où l'on peut enterrer quelqu'un. " Le *tigre* salue :" le sujet rend visite à l'empereur. " Poursuivre* le *cerf :*" prétendre au trône impérial. " Perdre son *cerf :*" perdre la couronne impériale. " Un petit† *ki-lin* (animal fabuleux) du ciel :" un enfant distingué. " Corne du *lin :*" prince feudataire de la famille de l'empereur. " Colle de *lin :*" un arc. " Corne de *bélier :*" un tourbillon de vent. " Le *mouton* de terre :" le chien. " Cinq *chevaux :*" un préfet de département. " Six *chevaux :*" l'empereur. " *Cheval* du district :" celui qui épouse une nièce de l'empereur. " Un *cheval* qui fait mille milles :" un fils, ou fils d'un frère. " Un *cheval*‡ pommelé :" un commissaire impérial.

Expressions où domine un nom de saison. " La pioche du *printemps :*" le cormoran. " La ville du *printemps :*" lieu où il y a des fleurs. " Porter le vent du *printemps :*" être passionné pour une femme. " L'empereur du *printemps :*" l'empereur Thaï-hao. " Avoir dans sa peau le *printemps* et *l'automne :*" louer et censurer intérieurement. " Penser aux arbres du *printemps*§ et aux nuages

* Le poète *Wéi-tching.* Voy. la pièce 5 du théâtre chinois, fol. 4.
† Pièce 85, *Tchao-chi-kou-eul.*
‡ Le poète *Tou-fou.*   § *Tou-fou.*

du soir :" penser à un ami dont on est éloigné.
" Etre assis au milieu d'un vent de *printemps* :"
recevoir d'excellentes leçons d'un professeur.
" Eclat de *printemps* :" divertissement, réjouis-
sance. " Un *printemps* mâle qui a des pieds :"
un homme qui répand des bienfaits partout où il
passe. " Magistrat du *printemps* :" membre du
tribunal des rites. " Les pousses *printanières* du
bambou :" les doigts d'une jolie femme. " L'empereur de *l'été* :" l'empereur Yen-ti. " L'empereur de *l'automne* :" l'empereur Chao-hao. " L'empereur de *l'hiver* :" l'empereur Tchouen-ti, &c.

Expressions où domine un nom d'élément.
" *L'eau* de puits :" un miroir. " La navette de
l'eau :" un poisson. " La grande *eau* :" la mère
de l'épouse, ou de la fille qu'on veut épouser. Les
mots Thaï-*chan*, " la grande montagne," désignent
le père de la femme. " La mère *d'eau* :" un ser-
pent de mer. " L'éclat de *l'eau* (vulgo : *crystal*) :"
un melon d'Europe. On peut ajouter les locutions
suivantes, qui appartiennent à la clef de *l'eau*.
" Pureté de la *glace* :" le père de l'épouse. " Un
homme de *glace* :" un entremetteur de mariage.
" Le cœur de *glace* et de neige :" la résolution de
rester veuve. " Une montagne de *glace* :" une
puissance qui se dissout aisément. " Etre ensemble comme la *glace* et les charbons :" être ennemis
l'un de l'autre.—" Camarades de *feu* :" camarades
d'armée, qui font la guerre sur les frontières.

Expressions où dominent des termes qui appartiennent à l'astronomie. " La ville de *la grande Ourse*:" la ville de Si-ngan-fou. " Etre comme *l'étoile du matin*:" vivre à l'écart, dans l'oubli et l'abandon, en parlant d'un sage. " La constellation *Chao-weï*:" un lettré qui vit dans la retraite. " Une petite *étoile*:"[*] une femme de second rang. " *L'étoile polaire du nord*:" le trône. " Une *étoile qui file*:" espèce de coiffure. " Ils sont comme les constellations *la lyre* et *le capricorne*:" ils sont séparés l'un de l'autre, ils ne peuvent se voir. " Etre comme les étoiles *San* et *Chang*, ou *San* et *Chin*:" même sens. " Le neveu du *ciel*:" le mont Thaï-chan. " La nièce du *ciel*:" nom d'une déesse (*tchi-niu*, transformée en une constellation qui répond à *la lyre*). " Le jus du *ciel*:" une grenade. " Les portes du *ciel*:" les portes du palais impérial. " Le prince du *ciel*:" le cœur. " Le parfum du *ciel*:" la fleur Meou-tan. " L'hôtel du vent et de la *lune*:" en latin, *lupanar*. " J'ai fait que la *lune* échancrée s'arrondît de nouveau:" j'ai réuni deux époux qui étaient séparés depuis long-temps. " La *lune*[†] est tombée sur les poutres de la maison:" je pense à mon ami, je le vois comme s'il était devant mes yeux.

Expressions diverses. " Entrailles de *poisson*:"

----

[*] *Chi-king*, lib. 1, cap. 2, od. 10.
[†] Le poète Tou-fou.

sorte d'épée. " L'union* du *vent* et des *nuages :*"
l'amitié qui unit deux familles. " Balayer *la balle
des grains :*" corriger les mœurs du siècle. " L'hôte
de la *neige :*" le cormoran. " L'hôte noble :" la
fleur Meou-tan. " L'ami renommé :" la fleur Haï-
thang. " L'hôte voisin :" la pivoine. " Le crochet
de *fil de soie :*" nom d'une épée. " La *source* des
sons :" la guitare. " Les portes semblables :" les
maris des deux sœurs de la femme. " La dame
aux habits de *neige :*" une perruche blanche. " Ce
qui fait tomber, prendre les villes :" " la beauté
du visage." " La lance de *poil :*" le pinceau. " La
tour de la *nuit :*" un tombeau. " Un *linteau* de
porte :" une fille distinguée. " Hien-kiun (*vulgo :*
prince d'un district) :" fille du sang impérial. " Le
mur de l'est :" le dépôt des ouvrages et des cartes
astronomiques. " L'éclat respectable :" le lettré
distingué. " Le vent de la *vallée :*" le vent de l'est.
" La tour des trois† pensées," la tête. "Wang-koueï
(*vulgo :* oublier, revenir) :" une flèche. Pour dire :
" il prend une flèche dans sa main droite," le
poëte Ki-khang emploie quatre mots qui signifient
littéralement : " droite, saisir, oublier, revenir."

Il m'eût été facile de donner tous les éclaircissements nécessaires pour indiquer le point de
départ de la plupart des expressions précédentes,
et montrer comment elles ont passé dans la
langue poétique, ou dans le style élégant. Mais

---

* Le poëte *Lo-ki.*   † Pièce 91, fol, 31, r.

de telles explications, qui doivent plus tard trouver place dans un ouvrage spécial, auraient décuplé cette partie de la préface, qui a peut-être déjà reçu trop d'extension. Cependant, afin que le public ait une idée exacte de la manière dont certains faits, vrais ou supposés, ont donné naissance à des expressions que l'usage ou les écrivains ont consacrées, nous allons accompagner les exemples qui nous restent à citer, de notes empruntées à la fable ou à l'histoire, par les commentateurs chinois.

" Chercher *la source** *des pêchers :*" chercher un lieu charmant, qui n'a point de réalité, et n'existe que dans l'imagination. " Avoir les yeux comme *le feu† du rhinocéros :*" être doué d'une pénétration qui fait découvrir sur-le-champ les défauts des autres, ou les incorrections de leurs compositions littéraires. " Promettre‡ *Tchou-tchhin :*" promet-

* Voy. Thang-chi, liv. I, fol. 23, verso. M. Davis, Mémoire sur la poésie chinoise, pag. 429 : " A person fishing in a boat, upon a lake, is supposed to have been led, by the track of peach blossoms floating on the water, into a narrow creek, which he pursued to a distance, until he reached a place inhabited by beings who, from the primitive simplicity of their manners, seemed to have escaped, in that secluded retreat, the persecution of the celebrated tyrant Tsinchehwong, and to have had no communication with the world since. On his return from this little chinese paradise, the adventurous boatman related what he had seen—or perchance only dreamed ; but on attempting to find the place again, it had vanished."

† Wen-kiao, qui vivait sous les Tsin, brûla une corne (selon d'autres, une queue) de rhinocéros, et à l'aide de la clarté qu'elle produisit, il aperçut les démons et les monstres des eaux. Comparez Gonzalvez, *Alph. chin.* p. 382 (176).

‡ Il y avait à Sia-tcheou, aujourd'hui Fong-hien, un village nommé

tre à quelqu'un de lui donner sa fille en mariage.
" *Tirer* la soie.*" demander une fille en mariage.
" Aller à Lin-khiong:"† s'amuser auprès des
belles. " Mettre Ngo-kiao‡ dans une *maison
d'or:*" prendre une femme pour épouse. " Dormir
sur les hauteurs de mont § Tong-chan," ou " dormir sur une hauteur:" être retiré des affaires,
vivre dans la retraite. " Descendre le siège‖ de

Tchou-tchhin, qui ne se composait que de deux familles. Depuis l'origine,
elles ne se mariaient jamais qu'entre elles.

* Youen-tchin, qui vivait sous la dynastie des Thang, était un homme
d'une beauté remarquable. Un ministre d'état, nommé Tchang-kia-tchin,
voulut le choisir pour gendre, et lui dit, " J'ai cinq filles, dont l'une devien-
dra votre épouse. Elles sont placées derrière cette tapisserie, et tiennent
chacune un des cordons qui la traversent. Je vous donnerai en mariage
celle que vous aurez désignée en tirant un des cordons." Youen-tchin tira
le cordon rouge, et obtint la cinquième fille, qui était une personne accomplie.

† Lin-khiong est le lieu où s'enfuit Sse-ma-siang-jou avec Wen-kiun,
fille de Tcho-wang-sun. *Thang-chi*, l. iv, fol. 22.

‡ King-ti demanda à Wou, son fils, encore en bas âge, s'il désirait de prendre une femme. " Je désire," répondit-il, " d'épouser une sœur de l'empereur." Comme la princesse Ngo-kiao était près d'eux, assise dans un
fauteuil, King-ti la montrant à son fils, lui demanda s'il aimait Ngo-kiao.
" Si je l'obtiens," répartit l'enfant, " je veux *la mettre dans une maison
d'or.*"

§ Sie-ngan, qui vivait sous les Tsin, se refusa long-temps aux invitations
des princes qui l'appelaient auprès d'eux. Il bâtit une petite maison sur le
mont Tong-chan, où il cultivait les lettres dans le calme de la retraite. Le
mont Tong-chan est situé dans le district de Lin-ngan, de la province du
Tche-kiang.

‖ Siu-tchi, qui vivait sous les Han, était un lettré distingué de Nan-
tcheou. Tchhin-fan, gouverneur de cet arrondissement, était d'un caractère
hautain, et recevait peu de visites. Il avait un siège qu'il réservait à son
ami Siu-tchi. Quand celui-ci était absent, il le suspendait le long du mur;
à son arrivée, il le descendait. Le poète Li-thaï-pe dit, " Pour les lettrés

Tchhin-fan :" inviter quelqu'un à rester, à coucher.
" Épousseter* son bonnet :" compter sur la recommandation d'un ami. " Apercevoir *la vapeur
rouge*† des immortels :" pressentir, deviner à l'aide
de quelque circonstance l'arrivée de quelqu'un.
" Lier l'herbe,"‡ " rapporter des bracelets dans
son bec :" témoigner sa reconnaissance.

On ferait d'étranges contre-sens, si, ignorant le
trait historique ou fabuleux auquel une expression
poétique se rapporte, on donnait à chaque mot
qui la compose, la signification qu'il a communément. Tout le monde connaît le célèbre poète
Li-thaï-pe, qui, suivant une opinion populaire, fut
enlevé au ciel, monté sur une baleine,§ et que, à
cause de cette fiction, les poètes ont appelé
" l'hôte *monté sur la baleine* (ki-king)." Un sino-

---

distingués (Tsouï-kong), détache souvent le siége de Tchhin-fan," c'est-à-
dire, les invite souvent à demeurer chez lui.

* Kong-iu, qui vivait sous Youen-ti de la dynastie des Han, était très
lié avec Wang-yang. Celui-ci ayant été nommé gouverneur de I-tcheou,
Kong-iu fut ravi d'apprendre la promotion de son ami, espérant d'être re-
commandé par lui à l'empereur. Un jour, se préparant à le féliciter, *il
épousseta son bonnet*, et l'attendit chez lui. Wang-yang lui fit donner
la charge de *kien-i-ta-fou* Vo. Thang-chi, *liv. 9, fol.* 16.

† Dans le district de Ling-pao, de la province du Ho-nan, il y a un défilé appelé Han-kou-kouan. Le gardien de ce défilé, nommé Yn-hi, a-
perçut *une vapeur rouge* qui venait de l'occident, et alla au devant de Lao-
tsee, qui lui donna le Tao-te-king (le livre de la Raison et de la Vertu).
Ils voyagèrent ensemble dans les plaines de sable mouvant; mais personne
ne sait où ils finirent leurs jours.

‡ Voyez la note 83, pages 111, 112.

§ Voy. le Recueil de nouvelles intitulé *Kou-kin-khi-kouan*, chap. vi. p. 14.

logue fort habile, traduisant un passage où le héros de l'ouvrage est comparé au poète *monté sur la baleine* (ki-king), c'est-à-dire, au poète Li-thaï-pé, prend les deux mots *ki-king* pour un nom d'homme, et écrit : " pour la gaîté et le goût du plaisir, il ressemblait beaucoup à *Ki-king*."

Les poètes et les prosateurs modernes font souvent allusion à l'aventure galante de la belle Wen-kiun,[*] fille de Tcho-wang-sun, et qu'on désigne souvent par le nom de Tcho-wen-kiun, en faisant précéder son nom (Wen-kiun) de la première syllabe de celui de son père (Tcho). La même personne prend *Tcho-wen* pour un nom d'homme, et traduit la syllabe *kiun* (vulgo : *prince*), qui, en faisant partie de ce nom de femme, cesse d'être significative, et n'a plus ici qu'une valeur phonétique ; et elle fait dire à une jeune fille, qui répond en rougissant aux compliments que lui adresse un étudiant: "qui pourrait imiter la conduite du *prince* Tcho-wen ?" au lieu de " qui pourrait imiter la belle *Tcho-wen-kiun*," ou plus littéralement "de la belle *Wen-kiun*, fille de *Tcho*?" Je citerai encore

[*] Sse-ma-siang-jou se trouvait un jour à dîner chez un homme riche, nommé Tcho-wang-sun, dont la fille (Wen-kiun) était veuve depuis quelque temps. Ayant été invité à jouer de la guitare, il fit entendre la chanson " du phénix qui recherche sa compagne," afin de toucher le cœur de Wen-kiun. Celle-ci ayant entendu Siang-jou par les interstices de la porte, en devint éprise, et le soir même elle s'enfuit avec lui à Lin-khiong. Voy. M. Davis, Mémoire sur la poésie chinoise, page 438. Comparez Thang-chi, liv. iv. fol. 22.

un endroit du même ouvrage, non dans le but de critiquer, mais pour montrer combien il est important de connaître à fond toutes les allusions employées en poésie. L'expression " dérober* des parfums," signifie entretenir des liaisons secrètes, ou simplement *far l'amore*. Dans le passage que nous avons en vue, l'auteur fait ce raisonnement : " puisque les astres eux-mêmes entretiennent des relations conjugales, pourquoi les hommes *n'auraient-ils pas aussi leurs amours?*" Au lieu de cette dernière partie de la phrase, notre traducteur, ignorant le trait rapporté en note, donne un non-sens qui suffirait seul pour faire ressortir l'écueil que nous avons signalé : " puisque les astres, &c. qu'est-ce qui empêche les hommes de *dépouiller une fleur de ses parfums?*"

Depuis deux ans que je me livre à l'étude de la poésie chinoise, guidé surtout par le désir de comprendre la partie lyrique des pièces de théâtre, qui auparavant me faisait l'effet d'une *langue inconnue*, j'ai recueilli à grand' peine, dans le Chi-king, les poèmes appelés Ts'ou-ts'ee, les poésies de Tou-

* Han-cheou, qui vivait sous la dynastie des Tsin, était un homme d'une rare beauté. Il fut secrétaire de Kou-tch'ong, ministre de Wou-ti. A cette époque, des ambassadeurs étrangers ayant offert à l'empereur des parfums, dont l'odeur se conservait pendant un mois, lorsqu'on en avait imprégné ses vêtements, Wou-ti en fit présent à Kou-tch'ong. La fille de ce ministre, *déroba les parfums* et les donna à Han-tcheou, avec qui elle avait des relations. Kou-tch'ong s'en aperçut bientôt, mais, craignant de révéler le déshonneur de sa fille, il la donna en mariage à son secrétaire.

fou et de Li-thaï-pe, et dans l'Anthologie des poètes de la dynastie des Thang, &c., neuf mille expressions, dans le genre de celles qui ont été citées jusqu'ici. Mais, en voyant les difficultés nouvelles qui m'arrêtent chaque jour, je sens, avec regret, qu'il ne faudrait pas moins de vingt à vingt-cinq mille expressions semblables, bien expliquées, pour entendre, aussi aisément que la prose, toute espèce de poésies chinoises, anciennes et modernes. Si j'avais l'avantage de résider en Chine, de me procurer successivement tous les genres de poésies, accompagnées de commentaires et de paraphrases, et, ce qui est plus précieux encore, de consulter à chaque instant des lettrés chinois, qu'aucune difficulté ne saurait arrêter, je pourrais, en quelques années, compiler un dictionnaire assez complet de la poésie chinoise, et donner ensuite un choix des meilleures compositions dramatiques.

Quel que soit le désavantage de ma position, je continuerai à étudier encore la poésie chinoise, et je ferai tous mes efforts pour donner une série de pièces de théâtre choisies parmi les plus estimées. " L'Histoire du cercle de craie" sera comme un *specimen* du recueil que je me propose de publier.

En traduisant ce drame en français, j'ai été souvent obligé de changer et même de faire disparaître des locutions et des figures toutes chinoises, qui eussent été inintelligibles dans notre langue. Comme le texte original* existe dans les bibliothèques à Londres, à Paris, et sans doute à Berlin, j'ai pensé que les sinologues qui se trouvent dans ces villes savantes, seraient peut-être tentés de s'assurer eux-mêmes de l'exactitude de ma version, la première où l'on se soit efforcé de rendre en entier le sens de la partie lyrique, qui avait été presque entièrement négligée jusqu'ici. Mais j'ai craint que les changements que j'ai été forcé de faire pour donner à ma traduction toute la clarté désirable, et qui ont nui trop souvent à sa fidélité, ne laissassent des doutes nombreux dans l'esprit des personnes peu exercées, ou ne fissent croire à celles qui sont versées dans la langue, que j'avais éludé sciemment les difficultés, et ne grossissent ainsi, sans motif, la somme des fautes réelles que j'ai pu commettre.

Ces considérations m'ont décidé à rédiger les notes qui sont placées à la fin de l'ouvrage. Je m'estimerai heureux si elles répandent quelque jour sur les endroits obscurs et difficiles, et donnent aux étudiants une idée plus exacte du sens de l'original.

Dans ce travail, tout nouveau pour moi, j'ai été vingt fois arrêté, soit par des expressions figurées,

---

* Une personne exercée à écrire le chinois se propose de calquer le texte de l'Histoire du cercle de craie, et de le faire lithographier à Paris.

soit par des mots composés, dont l'analyse ne saurait donner le sens, et qui ne se trouvent ni dans les vocabulaires publiés par les Européens, ni dans les dictionnaires tout chinois que j'ai à ma disposition. Je me suis fait un devoir d'indiquer franchement toutes ces expressions, et de les expliquer autant que le permettaient mes faibles connaissances en chinois. J'ai tâché surtout de ne dissimuler (comme le font trop souvent les annotateurs) aucun des endroits sur lesquels je conserve encore des doutes. De cette manière, les savants seront eux-mêmes à portée de rectifier les erreurs que j'ai commises, et de donner ainsi à ma traduction une correction à laquelle je n'aurais pas osé prétendre. J'aime à penser qu'ils me tiendront compte des difficultés que j'ai surmontées par mon travail sans secours étranger, et que, en songeant aux ressources de tout genre qu'on ne peut se procurer qu'en Chine, et qui m'ont manqué totalement, ils seront disposés à se montrer indulgents pour les fautes nombreuses qui ont du m'échapper.

Je ne terminerai pas cette préface sans témoigner ma reconnaissance au Comité de traductions orientales, qui a bien voulu imprimer à ses frais le drame chinois que je publie aujourd'hui. Grâce à sa munificence et à son zèle aussi noble qu'éclairé, j'espère présenter bientôt au public le premier volume du *Li-ki,* ou du *Mémorial des*

Cérémonies. Cet ouvrage, joint au Tchhun-thsieou, et à l'I-king, qui paraîtront prochainement, complétera la version des Cinq livres canoniques des Chinois.

Paris, 24 *avril* 1832.

NOMS DES PERSONNAGES.

MADAME TCHANG.

LE SEIGNEUR MA, *surnommé Kiun-khing.*

MADAME MA, *sa femme légitime.*

TCHANG-HAÏ-THANG, *ou* HAÏ-THANG, *fille de madame Tchang, et seconde femme de Ma-kiun-khing.*

TCHANG-LIN, *fils de madame Tchang.*

TCHAO, *greffier, amant de madame Ma.*

SOU-CHUN, *gouverneur et juge de Tching-tcheou.*

Plusieurs huissiers et sergents de la suite de Sou-chun.

Deux voisins de madame Ma.

MADAME LIEOU-SSE-CHIN

     et   } *sages-femmes.*

MADAME TCHANG,

Un cabaretier.

TONG-TCHAO

    et   } *gendarmes.*

SIE-PA,

PAO-TCHING, *gouverneur et juge suprême de Khaï-fong-fou.*

Plusieurs huissiers de la suite de Pao-tching.

Un sergent, ou bas-officier de justice, faisant l'office de licteur.

HOEÏ-LAN-KI,

L'HISTOIRE DU CERCLE DE CRAIE.

PROLOGUE.

SCÈNE I.

(La scène est dans la maison de M^{dme.} Tchang.)

MADAME TCHANG.

Je suis originaire de Tching-tcheou. Mon nom de famille est Lieou ; celui de mon mari était Tchang. Il est mort très jeune, il y a déjà bien long-temps, et ne m'a laissé que deux enfants, un garçon et une fille. Mon fils s'appelle Tchang-lin ; je lui ai fait apprendre à lire et à écrire. Ma fille s'appelle Haï-tang. Je n'ai pas besoin de dire qu'elle se distingue autant par sa beauté que par la finesse et l'étendue de son esprit. Elle connaît l'écriture, le dessin, la flûte, la danse, la musique vocale, et sait s'accompagner, en chantant, des sons de la guitare. En un mot, il n'est aucun talent qu'elle ne possède en perfection. Pendant sept générations, mes ancêtres ont occupé des charges élevées, qu'ils durent à leurs succès littéraires,

Mais, hélas ! la roue de la mauvaise fortune a passé sur ce corps miné par les ans. En un clin-d'œil j'ai perdu tout ce que je possédais ; et maintenant, pressée par la nécessité, et n'ayant plus de mari qui sustente ma vieillesse, j'ai forcé ma fille de faire trafic de sa beauté afin de vivre du produit de ses charmes. Dans le voisinage demeure un homme riche, nommé le seigneur Ma, qui fréquente ma maison depuis long-temps. Il a des vues sur ma fille, et fait de continuelles instances pour l'épouser en qualité de seconde femme. Ma fille ne demande pas mieux que de l'avoir pour mari ; mais je ne puis me passer des habits et des aliments que me procure son industrie. Attendons qu'elle vienne ; et, après avoir sondé tout doucement ses dispositions, raisonnons avec elle sur le projet qui m'occupe.

SCÈNE II.

TCHANG-LIN ET MADAME TCHANG.

TCHANG-LIN.

C'est moi qui m'appelle Tchang-lin. Eh! bien, ma mère, vous savez que mon père et mes aïeux, en remontant jusqu'à la septième génération, se sont élevés par les succès littéraires aux charges les plus éminentes. Si vous voulez que cette petite misérable exerce un infame trafic, qui déshonore notre famille, quelle figure pourrai-je faire dans le monde, et comment oserai-je soutenir les regards du public ?

MADAME TCHANG.

A quoi bon tous ces vains propos ? Si tu crains tant que la conduite de ta sœur ne te déshonore, ne ferais-tu pas mieux de chercher quelque moyen de gagner de l'argent pour nourrir ta vieille mère ?

SCÈNE III.

HAÏ-TANG, TCHANG-LIN, ET MADAME TCHANG.

HAÏ-TANG.

Mon frère, si tu veux être un brave garçon, charge-toi de nourrir notre mère.

TCHANG-LIN.

Misérable ! comment oses-tu exercer cet ignoble métier ? Si tu ne crains point le mépris public, c'est à moi de le craindre ; et pour en finir, vile créature, je veux te briser de coups.

(Il la frappe.)

MADAME TCHANG.

Ne la frappe pas ; c'est moi qu'il faut frapper.

TCHANG-LIN.

Ma mère, je suis las des désordres domestiques dont je suis témoin, et j'aime mieux vous quitter aujourd'hui même, que de rester en butte à la malignité et aux railleries du public. Je pars pour la ville de Pien-king, où demeure mon oncle ; je tâcherai de trouver auprès de lui quelque moyen d'existence. On dit communément qu'un garçon doit faire tous ses efforts pour se suffire à lui-même. Grand et fort comme je suis, croyez-vous que je mourrai de faim quand j'aurai quitté cette maison ? Et toi, vile créature, quand je serai parti, fais en sorte d'avoir bien soin de ta mère. S'il lui arrive quelque malheur, je te prédis d'avance que tu n'as pas de pardon à espérer.

(Il récite des vers.)

« Transporté de colère, je quitte précipitamment la
« maison. Grand et robuste comme je suis, je ne puis
« croire que le ciel m'ait condamné à traîner le reste de
« mes jours dans l'indigence. »

(Il sort.)

SCÈNE IV.

HAÏ-TANG ET MADAME TCHANG.

HAÏ-TANG.

Combien de temps, ma mère, aurai-je à souffrir de semblables avanies ? Il vaux mieux me laisser épouser le seigneur Ma.

MADAME TCHANG.

Tu as raison, mon enfant. Attends que le seigneur Ma soit venu ; je suis toute disposée à consentir à votre mariage.

SCÈNE V.

HAÏ-TANG, MADAME TCHANG, ET LE SEIGNEUR MA.

LE SEIGNEUR MA.

Mon nom de famille est Ma, et mon surnom Kiun-king ; mes ancêtres étaient originaires de Tching-tcheou. Dans ma jeunesse j'ai suivi la carrière des lettres, et j'ai acquis une connaissance approfondie des livres classiques et des historiens. Comme je jouis d'une fortune considérable, tout le monde me donne le titre de *Youen-waï* (seigneur). De tout temps j'ai été ami du plaisir, et je suis passionné pour les fleurs * et les saules. Près d'ici demeure une charmante beauté, qui exerce un doux métier, et entretient avec moi, depuis long-temps, les plus agréables relations. Son nom est Tchang-haï-tang Je n'ai pas besoin de dire que vu l'accord parfait de ses sentimens et des miens, j'ai l'intention de la prendre pour épouse. Elle m'a toujours témoigné le désir de s'unir avec moi, mais sa vieille mère met vingt obstacles à notre bonheur, et ne daigne écouter aucune proposition. Je soupçonne que son unique but est d'obtenir de moi de riches présents. J'ai appris que Haï-tang avoit eu ces jours derniers avec son frère Tchang-lin une vive altercation, et que celui-ci avait quitté précipitamment la maison maternelle, pour aller trouver son oncle qui demeure à Pien-king. Il est permis de supposer qu'il ne reviendra pas de sitôt. Or comme nous voici précisément dans un jour heureux, il faut que je prépare les présents de noce, et que j'aille faire ma demande de mariage. Quel bonheur si le ciel me favorise, et que je puisse réaliser ce charmant projet ! Mais qu'aperçois-je ? Mademoiselle se trouve justement à l'entrée de sa porte, toujours brillante de toilette et d'attraits. Mais doucement ; allons un peu la voir.

(Il regarde Haï-Tang, et la salue.)

HAÏ-TANG.

Seigneur, puisque vous voici, profitons de l'absence de mon frère pour entretenir ma mère du projet qui nous occupe, et lui faire donner son consentement. Elle est aujourd'hui dans les meilleures dispositions, et il me semble qu'il suffira d'échanger avec elle quelques paroles pour l'obtenir sur-le-champ. Allons la trouver tous deux.

---

* Expression délicate pour *meretrices.*

LE SEIGNEUR MA.

Puisque Madame est si bien disposée, je vois que le moment de mon bonheur est venu.

(*Il entre et aperçoit Madame T'chang.*)

MADAME TCHANG.

Seigneur, aujourd'hui mon fils Tchang-lin a manqué à mon égard d'obéissance et de piété filiale. Sans respect pour ma vieillesse, il a osé me tenir tête et s'est emporté contre moi avec violence. Je vous en prie, envoyez-moi chercher des graines de So-cha*, afin que j'en prenne une infusion.

LE SEIGNEUR MA.

Madame, quelle altercation votre fils peut-il avoir eue avec vous ? Je viens aujourd'hui vous offrir cent onces d'argent, pour obtenir la main de votre fille. Quand elle sera devenue mon épouse, s'il vous manque du bois ou du riz, je m'empresserai de vous en procurer. Soyez assurée, Madame, que je ne vous laisserai manquer de rien. Comme nous voici dans un jour heureux, veuillez accepter mes présents et consentir à notre mariage.

MADAME TCHANG.

Je ne garde point ma fille dans ma maison pour qu'elle m'attire chaque jour des querelles. Mais quand elle sera mariée, je pourrai vivre enfin exempte de trouble et d'alarme. Cependant, Seigneur, comme vous avez avec vous une femme du premier rang, je crains que ma fille ne reçoive d'elle des insultes et de mauvais traitements, dès qu'elle aura mis le pied dans la chambre nuptiale. En ce

---

* *Amomum villosum.* Plante dont les graines sont toniques et fortifiantes. —Klaproth.

cas, j'aimerais mieux qu'elle restât encore avec moi. Quand j'aurai, Seigneur, éclairci les doutes qui m'arrêtent, je consentirai de grand cœur à votre mariage.

LE SEIGNEUR MA.

Soyez tranquille, Madame ; ma femme légitime est aussi incapable que moi de tenir une pareille conduite. Mademoiselle votre fille ne sera pas plutôt entrée chez moi, que madame Ma la regardera comme sa propre sœur, et que moi-même, nonobstant son rang secondaire, je la laisserai jouir des mêmes prérogatives qu'elle. Mais si Haï-tang vient à mettre au monde un fils, dès ce moment elle sera chargée seule de la direction de la maison. Ainsi, Madame, ne vous livrez plus à aucune inquiétude.

MADAME TCHANG.

Seigneur, voici une affaire terminée. Puisque j'ai reçu vos présents, ma fille est à vous ; vous pouvez l'emmener à l'instant même. Et toi, mon enfant, tu sais que ce n'est pas moi qui t'éloigne de mes bras. Tu es maintenant élevée au rang d'épouse ; j'espère que désormais tu ne reprendras plus ta première profession.

HAÏ-TANG.

Seigneur, puisque votre femme légitime dirige et surveille toutes les affaires et les intérêts de votre maison, ne manquez pas d'être mon protecteur et mon appui.

(*Elle chante.*)

" Ma vieille mère espérait que je ne me marierais point
" pendant le reste de ses jours ; elle espérait reposer sur
" moi sa tête blanchie par l'âge."

(*Elle parle.*)

Seigneur, je n'aime que vous au monde.

Mademoiselle, c'est trop m'aimer.

HAÏ-TANG.

(*Elle chante.*)
" Ce que j'aime en vous c'est la douceur de votre carac-
" tère et la sincérité de vos sentiments. Je donne aujour-
" d'hui mon cœur à celui qui me procure le bonheur que
" je rêvais."

(*Elle parle.*)
Je vais envoyer mes sœurs que voici annoncer que
Tchang-haï-tang vient d'épouser le seigneur Ma. Main-
tenant j'espère que l'on ne me blâmera plus.

(*Elle chante.*)
" Désormais je ne crains plus les railleries du public.
" Je ne crains plus qu'on dise que je ternis l'honneur de
" ma famille."

(Elle sort avec le seigneur Ma.)

SCÈNE VI.

MADAME TCHANG.

Je viens de marier aujourd'hui ma fille avec le seigneur
Ma, qui m'a offert ces cent onces d'argent. Voilà de quoi
passer le reste de mes jours dans la joie et l'abondance.
Puisque aucune affaire ne m'occupe en ce moment, je vais
aller chercher mes belles-sœurs, que je n'ai pas vues depuis
long-temps, afin que nous puissions aller prendre le thé, et
nous régaler ensemble à la taverne voisine.

ACTE PREMIER.

SCÈNE I.

(La scène est dans la maison du seigneur Ma.)

MADAME MA.

(Elle récite des vers.)

" Les hommes ne cessent de faire l'éloge de mes charmes,
" et c'est au desir de leur plaire qu'il faut attribuer la couleur
" vermeille de mes lèvres et les teintes variées qui brillent
" sur mes joues ; mais il suffirait d'une cuvette d'eau pure
" pour faire disparaître, en un clin d'œil, cette profusion
" de rouge et de céruse."

Je suis la première femme du seigneur Ma. Ce seigneur
Ma a pris pour seconde femme une nommée Haï-tang, qui
est la fille de je ne sais quel individu appelé Tchang. Elle
lui a donné un fils qui a déjà cinq ans. Pour moi, j'ai
réussi à tromper la confiance du seigneur Ma. Ici près
demeure un greffier nommé Tchao, qui est bien de sa personne, et aime le beau sexe avec passion.......
J'entretiens avec lui certaines relations qui me font ap-
précier, de jour en jour, ses rares qualités. Aussi, mon
unique vœu, mon plus ardent désir, est de me défaire
promptement de ce seigneur Ma, afin de vivre pour toujours
avec Tchao comme une femme avec son mari. Aujourd'hui
voyant que le seigneur Ma n'était pas à la maison, j'ai
vite envoyé quelqu'un à Tchao, pour le prier de passer chez
moi ; j'espère qu'il va arriver d'un moment à l'autre.

SCÈNE II.

TCHAO.

(*Il récite des vers.*)

" J'ai le rang de greffier. Il y a deux choses que
" j'aime avec passion, le vin et les femmes des autres."

Mais au fait quel est l'objet qui occupe maintenant mon
cœur ? Une dame dont les joues rivalisent avec les plus
belles fleurs. Mon nom de famille est Tchao ; je remplis
les fonctions de greffier au tribunal de Tching-tcheou. Ici
près demeure une dame qui est la première femme du
seigneur Ma, surnommé Kiun-king. Un jour que le
seigneur Ma m'avait invité à dîner chez lui, je vis par
hasard sa femme, qui est douée d'une figure si séduisante
qu'on peut douter que le ciel et la terre aient jamais produit sa pareille. La vue de cette charmante beauté me fit
au cœur une profonde blessure. La nuit et le jour elle est
sans cesse présente à mes yeux et à ma pensée. Aurais-je
pu m'imaginer qu'elle aurait aussi arrêté ses regards sur
moi, et que, trompant la confiance du seigneur Ma, elle
aurait formé avec moi certaines relations qui ne sont pas
tout-à-fait d'accord avec la morale. Elle m'a prié de venir
la voir aujourd'hui. Allons la trouver ; nous saurons quel
est le motif de ce message. Mais me voici arrivé ; entrons
sans nous faire annoncer.—Madame, vous m'avez mandé
auprès de vous : puis-je savoir de quel objet vous voulez
m'entretenir ?

MADAME MA.

Voici tout simplement de quoi il s'agit. Je pense sans cesse au mystère dont nous avons besoin pour couvrir nos furtives amours; mais je ne vois point venir le terme que nous avons fixé pour notre union. Je ne désire qu'une chose, c'est de trouver avec vous le moyen d'empoisonner le seigneur Ma. Quel bonheur sera le nôtre quand nous pourrons vivre pour toujours comme mari et femme!

TCHAO.

Qu'ai-je besoin que vous me signaliez ce que je dois faire, et serait-il possible que celle que je regarde déjà comme mon épouse, eût formé un tel projet, sans qu'il fût venu se présenter aussi à ma pensée? Eh! bien, en voici du poison. Il y a déjà long-temps que je le tiens tout prêt pour exécuter ce dessein. (*Il remet le poison à madame Ma.*) Tenez, je vous le confie; je suis obligé de retourner au tribunal, où m'appellent mes fonctions.

(*Il sort.*)

SCÈNE III.

MADAME MA.

Tchao est parti. Prenons ce poison et mettons-le en lieu sûr. Il ne me reste plus qu'à épier le moment favorable pour frapper le coup que je médite. Mais que je suis étourdie! J'avais presque oublié que c'est aujourd'hui l'anniversaire de la naissance du jeune enfant. Je vais prier le seigneur Ma d'aller avec lui dans toutes les chapelles, pour brûler des parfums, et faire dorer la figure de Fo.

(*Elle sort.*)

SCÈNE IV.

HAÏ-TANG.

Je m'appelle Haï-tang. Il y a bientôt cinq ans que j'ai épousé le seigneur Ma. La mort a enlevé ma mère ; je ne sais où est allé mon frère, et depuis qu'il est parti, je n'ai point reçu de ses nouvelles. L'enfant que j'ai eu de mon mariage s'appelle Cheou-lang. Depuis qu'il est au monde, il reste auprès de moi sur cette natte, ou bien à côté de Madame, qui prend soin de l'élever. Il a maintenant cinq ans accomplis. Comme c'est aujourd'hui l'anniversaire de sa naissance, monsieur et madame Ma l'ont emmené avec eux et sont allés dans toutes les chapelles de la ville pour brûler des parfums et faire dorer la figure de Fo. Je vais tout à l'heure faire préparer le thé et le riz pour recevoir monsieur et madame Ma, aussitôt qu'ils seront de retour.—Tchang-haï-tang depuis que tu as épousé le seigneur Ma, rien n'a manqué à ton bonheur !

(Elle chante.)

" De ma fenêtre, où pendent des rideaux de soie, ornés
" de riches broderies, je puis contempler l'éclat de la lune
" et les formes variées des nuages. Aurois-je espéré
" d'abandonner un jour cette avilissante profession, pour
" prendre un parti honorable, et dire adieu à cette rue qui
" est le séjour du vice ? C'en est fait : plus d'orgies, plus
" de chansons licencieuses. J'ai rompu pour toujours avec
" ces compagnies d'amants et de maîtresses, et je leur abandonne
" donne sans regrets le théâtre du plaisir. Qu'ils me poursuivent,
" suivent, s'ils veulent, de leurs railleries et de leurs injures ;
" ce n'est pas moi qui irai faire des avances aux riches, ni
" présenter aux nobles une main séduisante. Je n'irai

" plus faire trafic de ma beauté ni rechercher de folles
" jouissances.   On ne me verra plus dans le séjour de la
" joie, aller audevant d'un nouvel amant, et reconduire
" celui qui l'a précédé.   Je ne crains plus que le magis-
" trat ne me fasse arracher violemment du palais de l'amour.
" Je ne veux plus être esclave des caprices d'une entre-
" metteuse.   Je ne souffrirai plus ces hôtes et ces amis qui
" se succèdent sans interruption.   Je ne verrai plus ma
" maison forcée et envahie par d'insolents voisins.   Je ne
" m'affligerai plus de l'exiguité de mes ressources, ni des
" ennuis de ma profession.   Je ne m'inquiéterai plus des
" affaires du monde, ni des vains propos qui s'y tiennent.
" J'ai trouvé un époux dont le cœur s'accorde heureuse-
" ment avec le mien, et chaque jour ses soins empressés me
" récompensent de ma tendresse.   Et quand les derniers
" rayons du soleil viennent dorer les rideaux de ma fenêtre,
" tenant par la main un mari passionné, je reconduis dans
" son appartement cette dame jalouse de mon bonheur,
" pour aller goûter avec lui les douceurs du sommeil."

(*Elle parle.*)

J'attends d'un moment à l'autre monsieur et madame
Ma.   Mais ils n'arrivent pas; sortons un peu pour les voir
venir de loin.

SCÈNE V.

HAÏ-TANG ET TCHANG-LIN.

TCHANG-LIN.

(*Il récite des vers.*)

" J'ai acquis à mes dépens l'expérience des choses d'ici
" bas, et je vois maintenant qu'il vaut mieux se confier aux
" hommes qu'au destin."

Je m'appelle Tchang-lin. Après avoir eu autrefois une vive altercation avec ma sœur, je quittai la maison maternelle pour aller trouver mon oncle. Qui aurait pu penser qu'il suivrait un individu nommé Tchong-sse-tao, et qu'il l'accompagnerait jusqu'à Yen-ping-fou ? N'ayant trouvé personne qui voulût me donner l'hospitalité, je m'en retournai transi de froid et accablé de fatigue, et je tombai malade au milieu du chemin. Je n'ai pas besoin de dire que j'épuisai bientôt mon argent et mes provisions de voyage. Pour subsister, je fus obligé de mettre en gage et à la fin de vendre les vêtements dont j'étais couvert. Je revins dans ma famille ; mais ma mère était morte depuis long-temps, et je ne trouvai, dans notre ancienne demeure, aucune chambre où je pusse me retirer. Que faire maintenant ? J'ai appris que ma sœur a épousé le seigneur Ma. Ce seigneur Ma est un homme riche ; il daignera sans doute jeter un regard de pitié sur son beau-frère et lui accorder les secours que réclame sa position. Qui m'empêche d'aller de ce pas le trouver ? J'implorerai son assistance, et je lui demanderai de quoi subvenir à mes plus pressants besoins. Je vais arriver dans l'instant à la maison du seigneur Ma. Mais, si je ne me trompe point, ma sœur se trouve justement devant sa porte. Courons vite la voir. —Ma sœur, reçois mes humbles salutations.

HAÏ-TANG.

Je me disais : qui est-ce qui vient là-bas ? Justement c'était mon frère. Gras et rebondi comme te voilà, tu n'as rien à demander ici. Retire-toi.

TCHANG-LIN.

Ma sœur, je suis pressé ; permets-moi de te dire deux mots.

HAÏ-TANG.

Je pense, mon frère, que tu viens pour élever un tombeau à notre mère; ou bien, pour me consoler dans ma douleur.

TCHANG-LIN.

Ma sœur, ne regarde point mon visage; regarde la manière dont je suis vêtu. A peine ai-je de quoi apaiser la faim qui me presse; comment veux-tu que j'aie le moyen d'élever un tombeau à notre mère?

HAÏ-TANG.

Lorsque la mort enleva ma mère, j'ai fourni moi-même les linceuils et le bois du double cercueil, et j'ai supporté seule toutes ces dépenses sans avoir recours au seigneur Ma.

TCHANG-LIN.

Quand même le seigneur Ma se serait chargé de tous les frais des obsèques, je sais que je t'aurais encore d'immenses obligations.

HAÏ-TANG.

(*Elle chante.*)
" Après avoir perdu mon père, je restai sans ressource
" avec ma mère. Je vis alors que, du fond du cœur, tu
" n'appartenais point à la famille Tchang. Comment
" pouvais-tu souffrir que ta propre sœur exerçât un métier
" qui ternissait l'honneur de sa maison?
(*Elle le frappe.*)

TCHANG-LIN.

Pourquoi me frapper, ma sœur? Je sais que je t'ai d'immenses obligations.

HAÏ-TANG.

(*Elle chante.*)

« Je vois qu'aujourd'hui tu as arrangé à dessein ces ex-
« pressions flatteuses pour recevoir de moi un bon accueil. »

TCHANG-LIN.

Je viens aujourd'hui, ma sœur, pour implorer ton assistance. Comment me recevoir avec tant de froideur ?

HAÏ-TANG.

(*Elle chante.*)

« Ce n'est point moi qu'il faut accuser de cette froideur
« que tu remarques sur mon visage. Rappelle-toi, frère
« dénaturé, le jour où, bouillant de colère, tu m'adressas
« d'affreuses menaces, où, transporté de fureur, tu t'enfuis
« comme pour courir au bout du monde. »

TCHANG-LIN.

Ma sœur, ce sont-là de vieilles histoires. A quoi bon
les exhumer à plaisir ?

HAÏ-TANG.

(*Elle chante.*)

« Je me demandais alors comment tu pourrais faire un
« chemin brillant, et te couvrir de gloire, et voilà que tu
« reviens vêtu de haillons ! »

TCHANG-LIN.

Tu le sais, ma sœur, nous sommes enfans du même père
et de la même mère. Eh ! bien, si ton frère a eu quelques
torts envers toi, tu devrais les oublier et adoucir ta colère.

HAÏ-TANG.

(*Elle chante.*)

" Mon frère, de quel front viens-tu me trouver au-
" jourd'hui ? Tu entendras jusqu'au bout tout ce que j'ai
" sur le cœur."

TCHANG-LIN.

Ma sœur, c'est la nécessité qui me force d'avoir recours
à toi. Pressé par le besoin, je ne disputerai pas sur le plus
ou le moins de secours que tu m'accorderas, et je me re-
tirerai aussitôt après l'avoir reçu.

HAÏ-TANG.

(*Elle chante.*)

" Tu ne cesses de t'en prendre à la nécessité. Eh! bien,
" mon frère, puisque tu n'avais pas d'argent, pourquoi
" t'es-tu enfui jadis dans la ville de Pien-liang ?" *

TCHANG-LIN.

Ma sœur, à quoi bon tous ces discours ? A qui veux-tu
que j'aie recours, si tu me refuses l'assistance que j'im-
plore ?

HAÏ-TANG.

(*Elle chante.*)

" Tu viens aujourd'hui invoquer l'appui de ta sœur
" cadette, tu veux qu'elle prête secours à son frère aîné !"

---

* Les Song firent bâtir la ville de Pien-king (8,403-6,380), auprès de la
rivière Pien (8,403), pour y fixer leur résidence (voy. plus haut page 5, ligne
14). Sous la dynastie des Youen (12,504), elle reçut le nom de Pien-liang
(8,403-7,039) ; c'est aujourd'hui la ville de K'aï-fong-fou (4,931-2,742-2,378)
dans la province de Ho-nan (3,997-7,879)—(Dictionn. P'in-tsée-tsien, sous
les mots Pien et Liang). N.B. Les chiffres placés entre parenthèse
répondent à ceux du dictionnaire chinois de Morrison, seconde partie.

(Elle parle.)

Ne disais-tu pas......

(Elle chante.)

" Ne disais-tu pas qu'un garçon doit faire tous ses efforts
" pour se suffire à lui-même?"

TCHANG-LIN.

Ma sœur, tu n'as pas oublié un mot de notre ancien
différent. Tu m'as assez maltraité; allons, accorde-moi
quelque secours, afin que je me retire.

HAÏ-TANG.

Mon frère, tu ignores que ces robes et ces ornements
de tête que je porte, appartiennent à monsieur et à
madame Ma.* Comment pourrais-je en disposer en ta
faveur ? Excepté ces objets, je ne vois rien qui vaille la
peine de t'être offert pour subvenir à tes besoins. Allons,
retire-toi, et tâche de ne plus mettre le pied sur le seuil de
cette porte.

(Elle rentre brusquement sans le saluer.)

TCHANG-LIN.

Ma sœur, que tu es dure et cruelle pour moi! Parce que
tu es ma propre sœur, j'étais venu implorer ton assistance ;
et, non seulement tu ne m'as pas donné un denier pour me
secourir, mais encore tu m'as accablé d'injures et de mauvais traitements ! Eh ! bien, je ne m'en irai pas! Je
resterai sur le seuil de cette porte, et j'attendrai l'arrivée

---

* Voyez plus bas, page 22, ligne 1.

du seigneur Ma; peut-être daignera-t-il m'accueillir avec bonté.

<hr />

SCÈNE VI.

MADAME MA ET TCHANG-LING.

MADAME MA.

Je suis la femme légitime du seigneur Ma. J'avais emmené avec moi le jeune enfant, et j'étais allée brûler des parfums dans toutes les chapelles. Me voici revenue la première. Mais qu'aperçois-je? Un mendiant à la porte du bureau de monsieur Ma!—Hola! quel mauvais dessein t'a conduit ici?

TCHANG-LIN.

Madame, je ne mérite point une telle injure. Je suis le frère de Haï-tang; j'étais venu pour demander ma sœur.

MADAME MA.

Ah, ah! tu es le frère de Haï-tang! En ce cas, tu es mon beau-frère; me connais-tu?

TCHANG-LIN.

Votre serviteur ne connaît point l'illustre dame qui lui parle.

MADAME MA.

Eh! bien, je suis la femme légitime du seigneur Ma.

c 2

TCHANG-LIN.

Madame, j'ose espérer que vous ne vous formaliserez point de ce que votre serviteur n'a pas su vous reconnaître.

MADAME MA.

Mon beau frère, quel motif t'a engagé à venir trouver ta sœur?

TCHANG-LIN.

Quoiqu'il me soit pénible de l'avouer, je ne vous dissimulerai point, que, pressé par la détresse et n'ayant rien pour subsister, j'étais venu demander à ma sœur de quoi subvenir à mes pressants besoins.

MADAME MA.

Combien t'a-t-elle donné?

TCHANG-LIN.

Elle m'a répondu que tous les effets que renferme cette maison, sont placés sous votre direction; qu'il ne lui est pas permis d'en disposer, et qu'elle ne possède pas la moindre chose.

MADAME MA.

Mon beau frère, tu ignores sans doute que depuis que ta sœur a épousé le seigneur Ma, elle lui a donné un fils qui est déjà agé de cinq ans. Cet enfant est ton neveu. Maintenant tous les effets que renferme ma maison se trouvent placés sous sa direction; car je n'ai point de fils; (*elle se frappe la poitrine*) je n'ai pas même l'ombre d'un fils! Puisque tu es le frère de Haï-tang, je te regarde comme mon propre frère. Je vais aller chez elle et lui demander quelque secours pour toi. Si tu en obtiens, garde-toi de te

réjouir ; si tu n'obtiens rien, garde-toi de témoigner du mé-
contentement. Cela dépendra de ta bonne ou de ta mauvaise fortune. Reste sur le seuil de la porte en m'attendant.

TCHANG-LIN.

Votre serviteur reconnaît que vous êtes une dame d'un
esprit élevé et d'une sagesse accomplie.

HAÏ-TANG (*apercevant madame Ma*).

Madame, vous voilà donc revenue la première? Que
je vous cause de peines et de fatigues !

MADAME MA.

Haï-tang, quel est cet homme qui se tient sur le seuil de
la porte ?

HAÏ-TANG.

C'est le frère de Haï-tang.

MADAME MA.

Ah ! C'est ton frère ? Que vient-il faire ici ?

HAÏ-TANG.

Il est venu demander à sa sœur quelques secours pour
subvenir à ses besoins.

MADAME MA.

Eh ! bien, est-ce que tu ne lui as rien donné ?

HAÏ-TANG.

Ce sont monsieur et madame qui m'ont fait présent de ces

robes et de ces ornements de tête ; dites-moi si je pouvais les lui donner.

MADAME MA.

Puisque ces objets t'ont été donnés, ils t'appartiennent tout-à-fait ; qu'est-ce qui t'empêche de les donner à ton frère ?

HAÏ-TANG.

Madame, je crains de m'écarter de mes devoirs. Que pourrais-je répondre si le seigneur Ma me demandait ce que j'en ai fait ?

MADAME MA.

Si le seigneur Ma te questionne à ce sujet, je suis-là pour te justifier, et t'en donner d'autres. Allons, dépêche-toi de les quitter et de les offrir à ton frère.

HAÏ-TANG (obéissant à ses instances).

Puisque madame me le permet, je vais ôter ces robes et ces ornements de tête pour les donner à mon frère.

MADAME MA.

Pour qu'il ne croie pas que je prends ce qui t'appartient, donne-moi ces effets ; je les lui offrirai moi-même de ma part. (*Elle les prend et sort ; puis, apercevant Tchang-lin :*) Mon beau-frère, pour te procurer quelques secours, j'ai moi-même essuyé la colère de Haï-tang. Qui eût jamais pensé que ta propre sœur se serait montrée aussi dure, aussi cruelle envers toi ? Qui aurait cru qu'elle, qui possède une riche garde-robe, n'aurait pas daigné t'en donner une faible partie, et qu'elle se serait refusée à ce léger sacrifice avec autant d'emportement que si l'on eût voulu lui enlever quelques lambeaux de chair ? Ces robes et ces ornements de tête m'ont été jadis donnés, comme présents de noces, par mon père et ma mère. Je les donne à mon beau-frère, afin que leur vente puisse, pour le moment, subvenir à ses plus pressants besoins. J'ose espérer qu'il ne dédaignera point ce cadeau à cause de sa modicité.

TCHANG-LIN (*prenant les objets qui lui sont offerts*).

Recevez, Madame, mes sincères remercîments. A l'exemple du vieillard* qui noua l'herbe, pour sauver l'époux de sa fille, et du jeune homme qui rapporta une paire de bracelets à son bienfaiteur, je ferai tous mes efforts pour vous témoigner dignement ma reconnaissance.

(*Il s'incline pour la remercier.*)

MADAME MA (*lui rendant le salut*).

Mon beau-frère, maintenant que le seigneur Ma n'est point à la maison, je n'oserais te retenir à dîner ; j'espère que tu ne t'en formaliseras point.

(*Elle sort.*)

SCÈNE VII.

TCHANG-LIN.

Je croyais d'abord que ces robes et ces ornements de tête appartenaient à ma sœur ; aurais-je pu penser que c'étaient les effets de madame Ma ? Eh quoi ! tu es ma sœur, tu as eu le même père et la même mère que moi, et, non seulement tu n'as pas daigné me donner un denier pour

* Voyez, à la fin de la pièce, les notes qui répondent à ce passage.

subvenir à mes besoins, mais encore tu m'as repoussé de la manière la plus dure et la plus brutale, tandis que cette excellente dame, à qui je suis tout-à-fait étranger, m'a généreusement donné ces robes et ces ornements de tête. Je pense que la femme légitime et la seconde femme doivent avoir, dans l'intérieur de leur maison, bien des différents ; il est probable qu'elles ont souvent besoin de l'intervention du magistrat. Pour le moment, je vais vendre seulement ces ornements de tête pour acheter quelques vêtements : puis, je tâcherai d'obtenir l'emploi de sergent, près du tribunal de K'aï-fong-fou. Ma sœur, prends garde à toi, observe bien ta conduite, et fais en sorte que nos deux essieux ne viennent point se heurter sur la même route. Car, si quelque accusation t'amène devant le tribunal, aussitôt que je t'aurai aperçue, je veux t'enlever la peau des épaules à coups de bâton.

(Il sort.)

SCÈNE VIII.

MADAME MA ET HAÏ-TANG.

MADAME MA (*apercevant Haï-tang*).

Haï-tang, je viens de donner à ton frère les robes et les ornements de tête que tu m'as remis.

HAÏ-TANG (*la remerciant*).

Je les avais reçus de madame depuis que je suis avec elle. Je ne crains qu'une chose, c'est que le seigneur Ma ne me demande ce que j'en ai fait. Dans ce cas, Madame j'espère que vous voudrez bien prendre ma défense.

MADAME MA.

Sans aucun doute. Repose-toi sur moi.

(Haï-tang sort.)

SCÈNE IX.

MADAME MA (*seule*).

Haï-tang, ton frère est parti avec ces robes et ces ornements de tête. Je crois que tu n'auras pas lieu de t'en
réjouir. Car, si le seigneur Ma vient à demander ce que
tu en as fait, je te plains......!

SCÈNE X.

LE SEIGNEUR MA ET HAÏ-TANG.

LE SEIGNEUR MA (*tenant son fils par la main*).

Je suis Ma, surnommé Kiun-king. Depuis que j'ai
épousé Haï-tang, j'ai eu d'elle ce jeune enfant, qui s'appelle
Cheou-lang ; il aura bientôt cinq ans accomplis. Comme
c'était aujourd'hui l'anniversaire de sa naissance, je suis allé
avec lui dans toutes les chapelles brûler des parfums en
l'honneur de Fo. Ayant vu que le temple de la déesse
qui préside à la naissance des garçons, était délabré en
plusieurs endroits, j'ai donné quelque argent pour y faire
des réparations. Voilà le motif qui a prolongé mon absence. Mais, dans un instant, je serai arrivé chez moi.

(Madame Ma et Haï-tang vont au devant de lui.)

HAÏ-TANG.

Voici le seigneur Ma qui arrive. Il doit être bien las et bien fatigué. Allons vite chercher le thé.

(*Elle sort.*)

SCÈNE XI.

LE SEIGNEUR MA, MADAME MA, ET HAÏ-TANG.

LE SEIGNEUR MA.

Madame, d'où vient que je n'ai point vu tout-à-l'heure, les robes et les ornements de tête de Haï-tang ?

MADAME MA.

Seigneur, si vous ne m'eussiez point questionnée à ce sujet, je me serais bien gardée de vous en ouvrir la bouche. Parce qu'elle vous a donné un fils, vous la comblez de bontés, et vous avez pour elle une condescendance qui passe toutes les bornes. Qui aurait pensé qu'à votre insu, elle aurait entretenu un amant, et qu'elle n'aurait cessé d'avoir avec lui les relations les plus criminelles ? Aujourd'hui pendant que j'étais sortie avec le seigneur Ma pour brûler des parfums dans toutes les chapelles, elle a donné à son amant ces robes et ces ornements de tête. Au moment où elle cherchait d'autres vêtements et une nouvelle parure de tête, je suis entrée tout d'un coup, et j'ai découvert l'intrigue, malgré les efforts qu'elle faisait pour cacher son trouble et réparer le désordre où elle se trouvait. C'est moi qui n'ai point voulu permettre qu'elle fît une nouvelle toilette, et j'ai attendu l'arrivée du seigneur Ma, afin qu'il la traitât lui-même comme elle le mérite. Ce n'est point que je sois jalouse d'elle ; elle ne peut imputer qu'à elle-même le sort qui l'attend.

LE SEIGNEUR MA.

Ainsi donc Haï-tang a donné à un amant ses robes et ses ornements de tête ! On voit bien que c'est une personne naturellement dépravée. Oui, cette conduite indigne me fera mourir de douleur ! (*Il appelle Haï-tang et la frappe*). —Je veux t'assommer, vile créature, qui violes ainsi les devoirs les plus sacrés.

MADAME MA (*excitant son mari*).

Seigneur, frappez, frappez ! c'est bien fait ! Que voulez-vous faire d'une misérable qui déshonore votre maison ? Allons, il faut la tuer de coups.

HAÏ-TANG.

Ces robes, ces ornements de tête, je ne voulais point d'abord les donner à mon frère ; c'est elle qui m'y a forcée par ses instances réitérées. Aurais-je pu penser qu'en présence du seigneur Ma, elle dirait que je les ai donnés à un amant ? J'ai une langue et je n'ose parler pour désiller les yeux d'un époux ! Dans toute cette affaire, voilà le seul tort que puisse se reprocher Haï-tang.

(*Elle chante.*)
" Dans l'origine, je m'affligeais en secret ; je ne m'in-
" quiétais point pour moi-même. Je ne me méfiais point
" de ses desseins. Je ne soupçonnais pas qu'elle pût me
" plonger dans cet abîme. Plus mes membres tremblaient
" et palpitaient sous les coups, plus elle redoublait ses
" odieuses calomnies. Vraiment, on ne trouverait pas au
" monde deux femmes aussi cruelles!"

LE SEIGNEUR MA (*transporté de colère*).

Faut-il que toi, qui m'as donné un fils, tu aies dépouillé ainsi tout sentiment de pudeur ! Hélas ! tu me feras mourir de colère.

MADAME MA.

Qu'est-il besoin de vous emporter ainsi ? Il vaut mieux régler une bonne fois tous vos comptes, en l'assommant de coups.

HAÏ-TANG.

(*Elle chante.*)

" Toutes les fois qu'il y a dans une maison une femme
" légitime, il faut bien compter qu'elle mettra tout en
" œuvre pour dominer seule ; mais en vit-on jamais une imi-
" ter ainsi la méchanceté du chien et la férocité du loup ?"

(*Elle parle.*)

C'est vous qui entretenez un amant ! Osez-vous bien faire peser sur moi cette indigne calomnie ?

(*Elle chante.*)

" Osez-vous bien faire retomber sur moi la honte de vos débauches ?"

(*Elle parle.*)

Il ne serait pas étonnant qu'elle m'eût entraînée dans le crime.

(*Elle chante.*)

" Mais je n'ai point voulu suivre son exemple, quoique,
" dans ma jeunesse, j'eusse été une fille de joie."

MADAME MA.

Vile créature ! on voit bien que ta dépravation naturelle s'est de nouveau réveillée, puisque tu as donné à un amant ces robes et ces ornements de tête, et que, trompant ton époux, tu as entretenu avec lui des relations crimi-nelles.

HAÏ-TANG.

(*Elle chante.*)

" Oui, la jeune épouse nommée Sang étoit moins cruelle
" que vous, qui vous glorifiez d'appartenir à une ancienne
" famille ! Osez-vous bien dire que moi, dont le cœur
" est sincère et sans détours, j'ai trompé le chef de la
" maison ?"

MADAME MA.

Qui t'a poussée à entretenir secrètement un commerce criminel ? Et après cela tu veux encore raisonner !

HAÏ-TANG.

(*Elle chante.*)

" Elle dit qu'à la dérobée je recevois un amant ; elle dit
" que je lui tiens tête et que je lui réponds avec opiniâtreté.
" Si je souffrais sans mot dire qu'on imprimât à mon nom
" une tache flétrissante, ce serait, Madame, comme si je
" me laissais couvrir de boue."

LE SEIGNEUR MA (paraissant indisposé).

Cette misérable me fera mourir de colère. Madame, Madame, je me sens défaillir. Apprêtez-moi vite un bouillon.

MADAME MA.

C'est Haï-tang, c'est cette petite misérable qui a suscité la colère qui suffoque le seigneur Ma. Haï-tang, dépêche-toi de faire chauffer un bouillon pour le seigneur Ma.

HAÏ-TANG.

J'obéis.

(Elle chante.)

" Tout-à-l'heure, on a fait pleuvoir sur mes épaules une
" grêle de coups; et voilà qu'on m'envoie à la cuisine
" pour faire chauffer un bouillon. Sans cesse, hélas ! ces
" femmes légitimes irritent contre nous leurs maris, et
" nous rendent victimes de leur colère et de leurs
" soupçons !"

(Elle apporte le bouillon.)

Eh ! bien, Madame, voici le bouillon.

MADAME MA.

Apporte-le afin que je le goûte. *(Elle goûte le bouillon.)*
Il y manque encore un peu de sel. Cours en chercher.

(Haï-tang sort.)

SCÈNE XII.

MADAME MA ET HAÏ-TANG.

MADAME MA.

Prenons vite le poison préparé ces jours derniers, et
jetons-le dans ce bouillon. *(Elle y jette le poison.)* Haï-
tang, hâte-toi donc de venir.

HAÏ-TANG.

(Elle chante.)

" Pourquoi ce trouble ? Pourquoi ce tremblement su-
" bit ? D'où vient qu'elle a jeté du sel avec tant de pré-
" cipitation ?"

(*Elle parle.*)
Madame, voici du sel.

MADAME MA (*remuant le bouillon*).
Haï-tang, cours porter ceci.

HAÏ-TANG.
Madame, portez-le vous-même. Je crains qu'en me voyant, le seigneur Ma n'entre dans un nouvel accès de colère.

MADAME MA.
Si tu n'y vas pas toi-même, le seigneur Ma dira que tu es fâchée contre lui.
(Elle sort.)

SCÈNE XIII.
HAÏ-TANG ET LE SEIGNEUR MA.

HAÏ-TANG.
J'obéis.—Seigneur, buvez une gorgée de bouillon.
(Le seigneur Ma prend la tasse et boit.)

HAÏ-TANG.
(*Elle chante.*)
" Hélas ! je le vois s'affaisser peu à peu sous le poids
" de la douleur, et sa bouche convulsive semble accuser
" l'amertume du breuvage,"
(Le seigneur Ma expire.)

HAÏ-TANG (*épouvantée*)
Seigneur, Seigneur, ouvrez les yeux !

(Elle chante.)

" D'où vient que la pâleur a remplacé à vue d'œil la
" teinte jaune de son visage ?   D'où vient qu'en un instant
" sa prunelle a perdu tout son éclat ?

" Frappée de terreur, mon courage s'évanouit, mon ame
" m'abandonne, mes yeux se changent en deux ruisseaux
" de larmes.   Ce spectacle déchirant a paralysé tous mes
" membres.   Que de maisons, que de champs, que de
" fermes m'enlève cette mort prématurée !   Ses deux
" femmes et son fils de cinq ans se trouvent dès ce
" moment sans ressource et sans appui.   Pauvre mère ! je
" resterai seule avec mon jeune orphelin, et je finirai mes
" jours dans le veuvage.   Et toi, mon fils, quel protecteur
" soutiendra maintenant ta frêle existence ?"

HAÏ-TANG (*pleurant*).

Madame, le seigneur Ma n'est plus !

MADAME MA.

Ce seigneur Ma, qui avait été assez ingrat pour me né-
gliger et épouser une seconde femme !—Haï-tang, misérable que tu es, il n'y a qu'un instant, le seigneur Ma
jouissait de la meilleure santé.   Comment se fait-il que
cette tasse de bouillon que tu lui as donnée, l'ait subitement
frappé de mort ?   Qu'est-ce qui peut l'avoir empoisonné, si
ce n'est toi ?

HAÏ-TANG.

Madame, vous avez vous-même goûté ce bouillon.   Eh !
bien, si ce n'est point vous qui l'avez tué par le poison,
c'est le poison qui l'a tué.   (*Elle pleure et pousse des
gémissements.*) Oh ! cie!, je mourrai de douleur et de
désespoir !......

MADAME MA (*parlant à ses domestiques*).

Mes petits enfants, où êtes vous ? Allez choisir, sur ce plateau, un endroit propre à creuser une fosse, fendez du bois pour faire un cercueil, et enterrez moi le seigneur Ma. (*Des domestiques emportent sur leurs épaules le corps du seigneur Ma.*) Haï-tang, petite misérable, attends un peu que nous ayons porté en terre le seigneur Ma ; je t'arrangerai comme il faut, et je verrai si tu oseras rester dans ma maison.

HAÏ-TANG (*pleurant*).

Madame, puisque le seigneur Ma n'est plus, je n'emporterai pas la moindre chose du mobilier de cette maison. Permettez-moi seulement de prendre mon fils avec moi, et de me retirer à l'instant même.

MADAME MA.

Ce jeune enfant, qui de nous deux lui a donné le jour ?

HAÏ-TANG.

C'est moi qui lui ai donné le jour.

MADAME MA.

Si c'est toi, pourquoi ne l'avoir pas nourri toi-même ? Depuis sa naissance, il n'a pas cessé d'être tantôt à mes côtés, tantôt dans mes bras. C'était moi qui le garantissais de l'humidité, et réchauffais ses membres glacés ; c'était moi qui, dévorant mille ennuis, lui prodiguais chaque jour les soins et la tendresse d'une mère ! Que de peines, que de fatigues j'ai essuyées pour l'élever jusqu'ici ! Et maintenant tu viens réclamer un enfant que j'ai mis au monde ! De cette façon, l'on deviendrait mère à bon marché. Tu as entretenu un amant, tu as tué le seigneur Ma par le poison, et après cela tu voudrais fuir pour te tirer d'affaire.

Dis-moi, veux-tu te retirer de bon gré ou par autorité de justice?

HAÏ-TANG.

Qu'est-ce que c'est que " se retirer par autorité de justice, ou se retirer de bon gré?"

MADAME MA.

Si tu te retires de bon gré, et me laisses le jeune enfant, tous les biens du seigneur Ma, ses maisons, ses meubles, ses effets, tout cela sera à toi. Je sortirai d'ici, n'emportant que Cheou-lang. Mais si tu ne veux te retirer que par autorité de justice, je te rappellerai que tu as empoisonné ton mari, ce qui, comme tu sais, n'est qu'une bagatelle. Allons toutes les deux trouver le magistrat.

HAÏ-TANG.

Comme ce n'est point moi qui ai empoisonné le seigneur Ma, que puis-je craindre du magistrat? Je le veux bien, allons le trouver ensemble.

MADAME MA.

Ce magistrat éclairé saura bien reconnaître et punir le coupable. Eh! bien, puisque tu ne crains point d'être citée devant le juge, je vais te mener au tribunal.

HAÏ-TANG.

Je ne crains rien: allons au tribunal, allons au tribunal!
(Elle chante.)
" Je me garderai de vous demander la vérité, gardez-
" vous de me demander des mensonges. Qu'on envoie
" chercher la femme qui m'a accouchée et celle qui a reçu
" le nouveau-né, et qu'on leur demande quelle est la véri-
" table mère, quelle est la belle-mère."

MADAME MA (*d'un ton embarrassé*).

Je suis la propre.....propre.....mère de cet enfant.
Cet enfant est mon.....mon.....propre.....propre enfant.
(*Avec chaleur et emportement:*) C'est mon cœur, c'est
mon sang, c'est ma vie, c'est le fruit de mes entrailles!
Qui est-ce qui peut l'ignorer?

HAÏ-TANG.

(*Elle chante.*)

" Comment en imposer aux habitants de tout ce quartier,
" qui l'ont vu naître et grandir?"

MADAME MA.

Tu as empoisonné le seigneur Ma. C'est moi qui t'ai
cachée jusqu'ici.

HAÏ-TANG.

(*Elle chante.*)

" Depuis long-temps vous teniez le poison tout prêt, et
" vous l'avez secrètement jeté dans le bouillon."

MADAME MA.

Il est de toute évidence que c'est toi qui as mis le poison
dans le bouillon. Pourquoi rejeter ce crime sur moi?
Tout ce que je crains, c'est que tu ne subisses point la
peine du talion.

HAÏ-TANG.

(*Elle chante.*)

" Et qui donc a empoisonné son époux? Vous voudriez
" sans doute que, pour expier votre crime, je fisse le
" sacrifice de ma vie! C'est peu de faire périr les autres,
" vous venez encore calomnier l'innocence. Non, parmi
" toutes les femmes de premier rang, il n'en est point
" dans le monde entier d'aussi corrompue, d'aussi barbare
" que vous!"
                                        (*Elle sort.*)

SCÈNE XIV.

MADAME MA (*seule*).

Comment a-t-elle deviné mon stratagème? Je vois clairement que, si je pouvais m'emparer du jeune enfant, cette maison et tout ce qu'elle renferme deviendrait ma propriété. (*Elle réfléchit quelques instants.*) Oui, toute affaire a besoin d'être profondément mûrie, si l'on veut s'épargner dans la suite bien des peines et des regrets. Réfléchissons un peu......Il est certain que cet enfant n'est point mon fils. Si Haï-tang invoque le témoignage de la femme qui l'a accouchée, de celle qui a reçu le nouveau-né, et de tous les voisins du quartier qui l'ont vu naître et grandir, et qu'en présence du magistrat toutes ces personnes déposent en sa faveur, voilà une affaire manquée. Mais il me vient une idée. Quand leur prunelle noire aura aperçu ce blanc métal (*elle montre de l'argent*), il n'en est pas une qui ne brûle de le posséder. Eh! bien, gagnons d'avance tous ces témoins oculaires, en leur donnant à chacun une once d'argent; voilà un moyen sûr de les faire parler en ma faveur. Ce n'est pas tout, il me faut gagner aussi le magistrat. Quel bonheur si Tchao pouvait venir ici! Je le consulterais sur la marche à suivre dans l'action que je veux intenter.

SCÈNE XV.

TCHAO ET MADAME MA.

TCHAO.

Dans l'instant, on est venu demander Tchao; eh! bien, le voici. Il y a plusieurs jours que je n'ai fait de visite à madame Ma. J'éprouvais, au fond du cœur, une telle démangeaison, un si vif désir de la voir, qu'elle était sans cesse présente à ma pensée, sans que je pusse l'éloigner de mon esprit. Mais me voici arrivé à la porte de sa maison. Comme son mari est absent, rien ne m'empêche d'aller tout droit la trouver. (*Apercevant madame Ma.*) Madame, j'ai failli mourir à force de penser à vous.

MADAME MA.

Tchao, tu ne sais pas que j'ai empoisonné le seigneur Ma! Tout à l'heure, je vais mener Haï-tang devant le juge et porter plainte contre elle. Je veux lui enlever, non seulement tout l'héritage du seigneur Ma, mais même son propre enfant. Retourne vite au tribunal pour tout disposer d'avance. Fais en sorte de gagner le magistrat, et d'employer tout ton crédit, toute ton influence, afin d'arranger cette affaire au gré de mes vœux. C'est alors que nous pourrons vivre pour toujours ensemble comme mari et femme.

TCHAO.

Rien n'est plus aisé. Je ne vois qu'une difficulté, c'est que ce jeune enfant n'est point votre fils. A quoi bon vous obstiner à le garder? Il vaut mieux le lui laisser emmener pour être quitte de tout embarras.

MADAME MA.

Est-il possible d'être greffier du tribunal et d'entendre aussi mal les affaires? Si je laisse cet enfant à Haï-tang, les héritiers du seigneur Ma viendront me dépouiller de toute sa fortune, et il ne me sera pas même permis de garder un denier. Quant à Haï-tang, elle se contente de prendre à témoin les femmes qui l'ont accouchée, et plusieurs habitants du quartier ; mais moi, je les ai tous gagnés avec de l'argent. Ainsi ne te mets point en peine de tous ces détails, qui ne sont point du ressort du tribunal. Je ne te demande qu'une chose, c'est d'aller promptement faire, dans mon intérêt, les dispositions nécessaires.

TCHAO.

Vous avez raison, Madame ; mais hâtez-vous de venir présenter votre accusation. Je m'en vais au tribunal pour tout préparer.

(*Il sort.*)

SCÈNE XVI.

MADAME MA.

Tchao est parti. Je m'en vais fermer la porte de ma chambre, et, après avoir lié Haï-tang, je la mènerai faire un tour au tribunal.

Le proverbe dit :

" L'homme ne songe point à faire du mal au tigre ; c'est " le tigre qui songe à dévorer l'homme."

Moi je dirai :

" Quel homme ose attaquer un vieux tigre, sans que le " tigre lui enlève quelques lambeaux de chair ?"

FIN DU PREMIER ACTE.

ACTE SECOND.

SCÈNE I.

(La scène se passe au tribunal de Tching-tcheou.)

SOU-CHUN ET PLUSIEURS PERSONNES DE SA SUITE.

Je suis le gouverneur de Tching-tcheou ; mon nom est Sou-chun.

(Il récite des vers.)

" Quoique je remplisse les fonctions de juge, je ne con-
" nais pas un seul article du code. Je n'aime qu'une chose,
" l'argent ; et, grace à ce blanc métal, le plaideur est tou-
" jours sûr de gagner sa cause."

Je déteste ces gens de Tching-tcheou, qui, pour tourner en ridicule mon extrême indulgence envers les coupables, m'ont donné le sobriquet de Mo-leng-cheou*, sous lequel je suis connu partout à la ronde. A mon avis, il y a une foule de magistrats instruits, qui, en remplissant leurs fonctions avec

---

* *Mo-leng* (Morrison, 7749, 6921). Ces deux mots signifient : rendre une décision amphibologique, que l'on peut justifier aussi bien dans un sens que dans l'autre. Le caractère *mo* veut dire *prendre avec la main*, et *leng* désigne *un morceau de bois carré*. Qu'on le saisisse à droite ou à gauche, c'est toujours la même chose. Voici l'origine de cette expression. Sou-wei-tao (0523, 11638, 9915), qui était ministre sous les Thang (9872), cherchait toujours à servir les intérêts ou les passions des personnes qui avaient affaire à lui. Il disait communément : " Quand je rends une décision sur une affaire, je ne me soucie point qu'elle soit claire et intelligible, parce que j'aurais des regrets si je venais à me tromper. Seulement je fais en sorte qu'on puisse la prendre dans un sens ou dans l'autre." On le surnomma *Mo-leng-cheou.*

une sévérité inflexible, ont causé la perte d'un nombre infini de personnes. Quant à Sou-mo-leng, on essaierait en vain de compter tous les hommes qu'il a sauvés secrètement. Qui aurait pu croire qu'aujourd'hui j'ouvrirais l'audience d'aussi bonne heure ? Hola ! huissiers, apportez-moi le tableau des causes que j'ai à juger.

UN HUISSIER.

J'obéis.

———

SCÈNE II.

MADAME MA ET HAÏ-TANG.

MADAME MA (*traînant après elle* HAÏ-TANG *et son jeune fils*).

Je veux aller avec toi trouver le magistrat, et lui demander vengeance.

HAÏ-TANG.

Lâchez-moi, lâchez-moi !
   (*Elle chante.*)
   " Elle m'enveloppe comme une flamme dévorante ! Elle
" me saisit par mes vêtements et m'entraîne sur ses pas."

MADAME MA.

Tu as empoisonné ton mari ; il faut que tu sois punie de mort ! Crois-tu que je vais te lâcher pour que tu prennes la fuite ?

HAÏ-TANG.

   (*Elle chante.*)
   " Vous dites que j'ai commis un crime qui mérite la mort ;
" comment pourrais-je m'échapper ?"

Hélas, Tchang-haï-tang !

" En épousant l'estimable seigneur Ma, j'étais presque
" parvenue au comble du bonheur ; mais aujourd'hui à
" peine en vois-je encore la plus légère trace.   Opprimée
" par la calomnie, il m'est difficile d'ouvrir la bouche pour
" montrer mon innocence.   Le monde pullule de ces in-
" dignes accusateurs, mais il n'y a que le ciel qui voie la
,' fausseté des crimes qu'on m'impute."

MADAME MA.

On peut se convaincre que tu as tué ton mari par le
poison ; mais le ciel et les dieux ont été témoins de ton
crime.

HAÏ-TANG.

(*Elle chante.*)
" J'en atteste ces mêmes dieux qui habitent dans l'es-
" pace, et je les invoque d'une voix suppliante.   Eh ! bien,
" si la vérité échappe à un mortel, dira-t-on que le ciel ne
" la voit pas dans tout son jour ?"

MADAME MA.

Vile créature ! voici la porte du tribunal de K'aï-fong-
fou !   Si tu es traduite devant le juge, tu endureras l'un
après l'autre tous les genres de torture.   Il vaut mieux
reconnaître tes torts.   Allons, veux-tu renoncer de bon gré
à tes prétentions, ou t'exposer aux plus cruelles souffrances ?

HAÏ-TANG.

Quand on devrait me tuer sous les coups, je ne ferais
jamais l'aveu que vous demandez.   Tout ce que je désire,
c'est d'aller avec vous trouver le juge.

(Elle chante.)

" Vous dites que, si je tombe entre les mains du juge, je
" souffrirai l'un après l'autre tous les genres de torture :
" cependant, pour commettre un homicide, il faut avoir
" un but, un intérêt puissant. Comment puis-je déclarer
" faussement que j'ai tué mon mari par le poison ? Hélas !
" malgré mon innocence, je me vois tombée dans le piége
" le plus odieux ! Mais, après avoir persévéré constam-
" ment dans la sagesse et la vertu, comment pourrais-je
" craindre les rigueurs de la question, et les tortures dont
" vous me menacez ?"

MADAME MA.

Justice ! justice !

SCÈNE III.

LES MÊMES, SOU-CHUN.

SOU-CHUN.

Qu'on aille voir quelle est la personne qui crie de la sorte
à la porte du tribunal. Huissiers, sortez vite et amenez-la
devant moi.

UN HUISSIER.

La voici. (*Madame Ma entre, suivie de Haï-tang et de
son fils. Ils se mettent à genoux dès qu'ils aperçoivent le
juge.*)

SOU-CHUN.

Quelle est l'accusatrice ?

MADAME MA.

C'est votre servante qui est l'accusatrice.

SOU-CHUN.

En ce cas, que l'accusatrice se mette à genoux de ce côté, et l'accusée du côté opposé.

(*Elles s'agenouillent toutes les deux à l'endroit indiqué.*)

SOU-CHUN.

J'ordonne à l'accusatrice d'exposer les motifs de sa plainte. Parlez : vous pouvez compter sur ma justice.

MADAME MA.

Votre servante est la première femme de Ma-kiun-king, du titre de Youen-waï.

SOU-CHUN (*quittant son siége d'un air effrayé*).

En ce cas, Madame, je vous prie de vous lever.

UN HUISSIER.

Seigneur, cette femme est l'accusatrice ; comment pouvez-vous l'inviter à se lever ?

SOU-CHUN.

Elle vient de dire qu'elle est la première femme de Ma-kiun-king, du titre de Youen-waï.

L'HUISSIER.

Ce titre de Youen-waï n'a point ici sa signification ordinaire. On le donne dans ce pays à tous les hommes qui ont de la fortune. Il désigne simplement un riche propriétaire, qui n'a ni rang, ni fonctions publiques.

SOU-CHUN.

En ce cas, faites-la mettre à genoux.—Allons, exposez les motifs de votre plainte.

MADAME MA.

Celle-ci s'appelle Haï-tang ; c'est la seconde femme du seigneur Ma. Je l'accuse d'avoir entretenu secrètement un amant; d'avoir, de concert avec lui, empoisonné son époux ; de m'avoir ravi mon propre fils ; et d'avoir détourné une partie de mes effets. Daignez, Seigneur, me rendre prompte justice.

SOU-CHUN.

Avec quelle facilité, avec quelle assurance parle cette femme ! On dirait qu'elle n'a jamais fait autre chose que plaider. Je ne veux rien dire de désobligeant pour elle ; mais, s'il faut l'avouer, je n'ai pas compris un seul mot de tout ce qu'elle vient de débiter. Qu'on appelle vite le greffier du tribunal.

UN HUISSIER.

Monsieur le greffier, vous êtes prié de venir.

SCÈNE IV.

LES MÊMES ET TCHAO.

TCHAO.

C'est moi qui suis Tchao, le greffier du tribunal. J'étais dans mon bureau, et j'expédiais des actes judiciaires, lorsque Son Excellence m'a fait appeler auprès d'elle. Sans doute qu'elle est occupée de quelque accusation, et que, arrêtée par une difficulté soudaine, elle a besoin que je lui prête l'appui de mes lumières. (*Apercevant Sou-chun:*) Seigneur, quelle affaire peut embarrasser Votre Excellence, et retarder sa décision ?

SOU-CHUN.

Monsieur le greffier, il y a ici une personne qui présente une accusation.

TCHAO.

Permettez-moi de l'interroger. Holà! femme, contre qui vous portez-vous accusatrice?

MADAME MA.

J'accuse Tchang-haï-tang que voici, d'avoir empoisonné son mari, de m'avoir ravi mon propre fils, et d'avoir détourné mes effets. Ayez pitié de moi, et daignez me rendre justice.

TCHAO.

Qu'on amène devant moi cette Tchang-haï-tang. Pourquoi avez-vous empoisonné votre mari? Allons, hâtez-vous d'avouer toute la vérité. Mais si vous n'avouez pas, prenez garde à vous! Huissiers! qu'on me choisisse, pour elle, les verges les plus grosses.

HAÏ-TANG.

(*Elle chante.*)
" Prosternée au pied du tribunal, votre servante vous
" supplie de l'entendre exposer l'origine de ses malheurs."

TCHAO.

Parlez, parlez.

HAÏ-TANG.

(*Elle chante.*)
" Tous ces huissiers me pressent et m'entourent comme
" des loups et des tigres. Les six tribunaux sont rangés
" devant moi comme une troupe de génies malfaisants."

TCHAO.

Vous avez tué votre mari par le poison. C'est un des dix crimes qui entraînent la peine de mort.

HAÏ-TANG.

(*Elle chante.*)

" Si votre servante est coupable de l'épaisseur d'un " cheveu, je veux, Seigneur, expirer au milieu des plus " cruelles tortures."

TCHAO.

Dans l'origine, quelle espèce de gens étaient vos parents? Comment avez-vous pu épouser le seigneur Ma ? Allons, parlez ; je vous écoute.

HAÏ-TANG.

(*Elle chante.*)

" Songez que votre servante vivait du produit de sa " beauté. Je suis issue d'une famille ancienne et distin- " guée. Mais ayant perdu peu à peu toute notre fortune, " nous restâmes, ma mère et moi, sans ressources et sans " appui. Heureusement que le seigneur Ma-kiun-king " nous secourut du matin au soir. J'eus le bonheur de " lui plaire, et, après avoir offert à ma mère de riches pré- " sents de noces, il m'épousa en qualité de seconde femme."

TCHAO.

Ah ! ah ! vous avez commencé par être fille de joie ! Cette profession-là ne parle guère en votre faveur. Eh ! bien, quand le seigneur Ma vous eut conduite dans sa maison, lui donnâtes-vous un fils ou une fille ?

HAÏ-TANG.

(*Elle chante.*)

« Je lui donnai un fils et une fille*, et je supportai pour
« les élever mille peines et mille fatigues. »

TCHAO.

Y avait-il quelque personne du dehors qui fréquentât
votre maison ?

HAÏ-TANG.

(*Elle chante.*)

« Mon frère, pressé par la faim, et manquant de vête-
« ments, vint me trouver pour obtenir de moi quelques
« secours. Au moment où je le renvoyais de la maison sans
« lui rien donner, nous fûmes tous deux aperçus par
« madame. »

TCHAO.

Si c'était votre frère, il n'y avait pas d'inconvénient à ce
que madame vous trouvât ensemble.

HAÏ-TANG.

Madame me dit : Haï-tang, puisque ton frère vient
implorer ton assistance et que tu n'as point d'argent, pourquoi ne pas lui donner ces robes et ces ornements de tête,
afin qu'il les vende, et qu'il se procure les choses dont il a
besoin ?

TCHAO.

Ce que vous dites là est une preuve de son humanité.

* Dans toute la pièce, il n'est point parlé de cette fille.

HAÏ-TANG.

J'obéis à ce conseil, puis j'ôtai mes robes et mes ornements de tête, et je les donnai à mon frère.   Mais quand
le seigneur Ma fut de retour, et qu'il eut demandé pourquoi il n'avait pas vu les robes et les ornements de tête
de Haï-tang, elle lui dit que j'avais secrètement donné ces
objets à un amant.

(Elle chante.)

" Qui aurait pensé que cette femme avait deux langues
" et deux visages, et qu'elle aurait cherché à irriter son
" mari contre moi ?"

MADAME MA.

Quel mensonge !   Dans cette ville de Tching-tcheou, je
passe pour un modèle de sagesse et de bonté.   Comment
oses-tu dire que j'ai deux langues et deux visages, et que j'ai
voulu irriter mon mari contre toi ?

TCHAO.

Ce sont-là des bagatelles qui ne méritent pas d'entrer
dans un interrogatoire.   Mais je vous demanderai pourquoi
vous avez empoisonné votre mari, pourquoi vous avez
ravi l'enfant de cette dame, pourquoi vous avez détourné
une partie de ses effets.   Allons, répondez de point en point,
et avouez tous les crimes dont vous êtes coupable.

HAÏ-TANG.

(Elle chante.)

" Mon mari tomba par terre, dans un accès de colère,
" et resta quelque temps sans mouvement.   Quand il reprit
" l'usage de ses sens, madame l'aida elle-même à se lever "

(Elle parle.)

Puis elle dit : Haï-tang, le seigneur Ma désire de prendre un bouillon ; va vite en faire chauffer une tasse.

(*Elle chante.*)

" Quand j'apportai la tasse de bouillon chaud, elle le
" goûta, et dit qu'il n'était pas assez salé."

(*Elle parle.*)

Elle profita du moment où j'allai chercher du sel.

(*Elle chante.*)

" Qui aurait pensé qu'elle jeterait furtivement du poison
" dans la tasse ?"

(*Elle parle.*)

Le seigneur Ma prit alors le bouillon ; mais à peine
l'avait-il goûté qu'il expira sur-le-champ. Seigneur, exa-
minez bien les faits, et pesez-les dans votre sagesse.

(*Elle chante.*)

" De suite elle brûla le cadavre, et fit déposer les cendres
" dans un lieu désert, situé hors de la ville."

TCHAO.

Je vois clairement que c'est vous qui avez versé ce poison.
Pourquoi avez-vous voulu encore lui ravir son fils, et
détourner ses effets ? Qu'avez-vous à répondre sur ces deux
chefs ?

HAÏ-TANG.

C'est moi qui suis la véritable mère de cet enfant. Seigneur, si vous voulez seulement faire appeler devant vous
madame Licou-sse-chin et madame Tchang, qui m'ont aidée
à mettre mon fils au monde, ainsi que des habitants du
quartier, leur témoignage vous montrera clairement la
vérité de ce que j'avance.

TCHAO.

Votre demande est juste. Huissiers, faites venir ces deux

E

femmes et quelques personnes du quartier. (*Sou-chun fait un signe avec la main. Un huissier sort et va appeler au dehors les personnes désignées.*)
Hem ! respectables dames et voisins du quartier, on vous appelle au tribunal.

SCÈNE V

LES MÊMES, LES DEUX SAGES-FEMMES ET DEUX HOMMES DU VOISINAGE.

L'UN DES HOMMES.

Le proverbe dit avec raison que, "quand on a reçu de l'argent de quelqu'un, on est tout disposé à détourner les malheurs qui le menacent." Aujourd'hui la femme légitime du seigneur Ma a porté une accusation devant le tribunal, et nous a priés de venir déposer en sa faveur. Le fait est que la femme légitime n'est point la mère de cet enfant ; mais, grace à l'argent dont elle nous a gratifiés, nous dirons que c'est elle qui lui a donné le jour. N'allez pas avoir peur, vous autres, et vous troubler dans votre déposition.

LES TROIS AUTRES TÉMOINS.

Nous savons ce que nous avons à dire. (*Ils suivent l'huissier, entrent et se mettent à genoux.*) Nous voici.

TCHAO.

Est-il vrai que vous êtes tous habitants de ce quartier ?...Eh ! bien, quelle est la mère de cet enfant ?

UN VOISIN.

Ce seigneur Ma était un riche propriétaire que l'obscurité de notre condition nous empêchait de fréquenter. Mais il y a cinq ans, sa femme légitime lui ayant donné un fils, il a fait distribuer à chacun des habitants de ce quartier le tiers d'une once d'argent, afin que nous pussions partager son allégresse. Lorsque son fils eut atteint un mois accompli, le seigneur Ma nous invita à venir boire et nous régaler chez lui. Nous vîmes alors le bel enfant à qui nous devions cette fête. Dans la suite, à chaque anniversaire de la naissance de leur fils, monsieur et madame Ma le conduisaient eux-mêmes dans toutes les chapelles, et allaient brûler des parfums en l'honneur de Fo. Il n'y a pas que nous qui ayons vu tout cela. Tous les autres habitants de la ville l'ont vu comme nous, et pourraient rendre le même témoignage.

TCHAO.

D'après ces dépositions, il est de toute évidence que madame Ma est la mère de cet enfant.

HAÏ-TANG.

Seigneur, ces voisins se sont laissé gagner par l'argent de madame Ma; leur témoignage ne mérite aucune confiance.

LE VOISIN.

Non, nous n'avons point été gagnés à prix d'argent. Ce que nous avançons est la pure vérité. S'il y a une seule syllabe de fausse dans notre déposition, je veux qu'il vous vienne sur les lèvres un clou gros comme une tasse.

HAÏ-TANG.

(*Elle chante.*)

" Maintenant j'invoque le témoignage de madame Licou-
" sse-chin et de madame Tchang, qui m'ont aidée à mettre
" mon fils au monde, et qui, avant qu'il eût atteint son
" premier mois, vinrent plus de dix fois me rendre visite.
" Maintenant que je suis dans le malheur, la calomnie me
" poursuit jusqu'au pied du tribunal. Devais-je m'atten-
" dre à voir mes voisins mêmes outrager de la sorte la
" justice et la vérité? Il n'y a que l'argent qui puisse les
" faire persister ainsi dans leur déposition mensongère."

(*Elle parle.*)

Seigneur, veuillez interroger ces deux femmes respectables. Personne ne peut être mieux informé qu'elles.

TCHAO.

Quelle est la mère de cet enfant?

MADAME LIEOU.

Nous autres sages-femmes nous faisons pour le moins sept
ou huit accouchements par jour : comment se les rappeler
tous au bout de plusieurs années?

TCHAO.

Cet enfant n'a encore que cinq ans; ainsi il n'y a pas
bien long-temps qu'il est né. Allons, dites-moi laquelle de
ces deux femmes est sa mère.

MADAME LIEOU.

Attendez que je recueille mes souvenirs. Ce jour-là,
la chambre de l'accouchée était soigneusement fermée de
toute part, et l'obscurité profonde qui y régnait ne me
permit point de remarquer les traits de son visage. Mais
il me semble que lorsque ma main....*

* Dans cette déposition, comme dans la suivante, nous sommes obligé
de supprimer plusieurs détails qui blessent l'honnêteté.

TCHAO.

A votre tour, Madame Tchang, faites votre déposition.

MADAME TCHANG.

Ce jour-là, quand je vins pour délivrer l'accouchée, c'était bien la femme légitime qui était en mal d'enfant. .... Ainsi l'on ne saurait douter que madame Ma soit la véritable mère.

HAÏ-TANG.

Est-il possible que toutes deux vous déposiez avec tant de partialité pour elle !

(*Elle chante.*)

" Madame Licou, quand vous vîntes pour recevoir le
" nouveau-né, je vous appelai avec de tendres instances
" dans la chambre où j'étais couchée. Vous me prîtes
" mollement dans vos bras, et vous me portâtes sur le lit
" de douleur.

" Et vous, Madame Tchang, quand vous vîntes pour
" détacher l'enfant du sein maternel, vous rappelez-vous
" qui est-ce qui alluma, devant la chapelle, des bougies
" odorantes ?—Vous n'êtes ni l'une ni l'autre avancées en
" age, et je me demande comment vous pouvez déposer
" de la sorte, avec tant d'assurance ! Est-il possible
" qu'avec de tels témoins, le juge puisse distinguer le
" vrai du faux, et la vertu du crime ?"

TCHAO.

Vous l'entendez : ces deux respectables dames déposent également que madame Ma est la véritable mère. Ainsi, il est démontré que vous voulez lui enlever son fils.

HAÏ-TANG.

Seigneur, ces voisins et ces deux femmes se sont laissé gagner par l'argent de madame Ma. Quoique mon fils n'ait que cinq ans, il est doué d'assez d'intelligence et de discernement ; veuillez l'interroger.

MADAME MA (*tirant par le bras le jeune enfant*).

Dis que je suis ta propre mère, et qu'elle est ta nourrice.

L'ENFANT.

Voici ma propre mère ; c'est vous qui êtes ma nourrice.

HAÏ-TANG.

Voilà encore une preuve de ta rare intelligence !

(*Elle chante.*)

" Cher enfant ! songe au fond de ton petit cœur, songe,
" hélas ! combien de fois cette cruelle femme ta déchiré la
" peau à coups de verges ! Tu es doué d'assez de discerne-
" ment pour reconnaître aujourd'hui celle qui t'a donné le
" jour. Rappelle-toi bien que celle que tu appelles ta mère
" t'a nourri de son lait et t'a porté sur son sein pendant
" trois ans. Mais comment pouvait-elle te préserver de
" l'emportement et des violences de cette furie ?"

TCHAO.

Les paroles de cet enfant ne méritent aucune confiance. Au reste, c'est d'après le nombre des témoins que le juge forme sa conviction. Mais, puisque vous vouliez lui ravir son enfant, il n'est plus besoin de prouver que vous avez détourné furtivement ses effets. Ce n'est pas tout. Allons, avouez promptement que vous avez empoisonné votre mari.

HAÏ-TANG.

Je suis tout-à-fait étrangère à cet empoisonnement.

TCHAO.

Cette scélérate n'avouera pas, si l'on ne la frappe comme
il faut. Holà! huissiers, prenez-moi cette misérable et don-
nez-lui une bonne correction.

(*Ils la frappent jusqu'à ce qu'elle tombe en défaillance.*)

MADAME MA.

Frappez, frappez ! c'est bien fait, c'est bien fait ! Tuez-
la de coups : cela m'est égal.

TCHAO.

Elle voudrait faire la morte. Huissiers, relevez-la. (*Ils
la relèvent.*)

HAÏ-TANG (*reprenant ses sens*).

Hélas ! hélas ! ô ciel !

(*Elle chante.*)

" Quand les coups pleuvaient sur mes épaules, cuisants
" comme la flamme, retentissants comme le vent, un trouble
" mortel agitait mes esprits, mon âme tremblante était
" près de s'échapper. Les cruels ! ils serraient violem-
" ment les tresses de mes cheveux.....

UN HUISSIER.

Allons, dépêchez-vous d'avouer : cela vaudra mieux que
d'endurer toutes ces tortures.

HAÏ-TANG.

(*Elle chante.*)

" J'ai entendu des cris confus qui frappaient mon oreille.

« Hélas ! ce greffier pervers fait grace à la femme la
« plus criminelle, et il livre l'innocence à la férocité de
« ses agents !"

TCHAO.

Allons, avouez quel était votre amant.

SOU-CHUN.

Puisqu'elle refuse encore d'avouer, je vais lui parler
moi-même, et lui faire confesser son crime.

HAÏ-TANG.

(*Elle chante.*)
« Ce magistrat emploie la force et la violence pour que
« j'indique un amant imaginaire, et que je fasse connaître
« le lieu de son séjour.
« Trois fois j'ai tenté de m'échapper par la porte de
« cette enceinte, mais en vain ! Quel avantage avez-
« vous à servir ainsi les passions des autres ? Attendez-
« vous une récompense pour le sang qui ruisselle de tout
« mon corps ? Hélas ! si je possédais de l'argent, il me
« serait facile d'obtenir ma délivrance ; mais sans argent,
« comment pourrai-je endurer ces cruelles tortures ?"

TCHAO.

Huissiers, qu'on la frappe de nouveau.

HAÏ-TANG.

Je suis issue d'une bonne famille : comment puis-je
subir cette rude question ? Vaincue par la douleur, je me
vois forcée d'avouer tous ces crimes dont je suis innocente.
—Seigneur, votre servante reconnaît qu'elle a empoisonné
son mari, qu'elle a enlevé le fils de cette dame, qu'elle a

détourné ses effets......Oh ciel ! cette injustice me fera mourir !

TCHAO (*à part*).

Que je sois mille fois, dix mille fois injuste, cela m'est égal ; au moins cette injustice à cela de bon qu'elle nous fait adjuger l'enfant.

Huissiers, puisqu'elle a avoué ses crimes, qu'on lui fasse signer sa déclaration, qu'on lui attache encore une grande cangue, et que deux gendarmes la conduisent à K'aï-fong-fou, où sera prononcée sa condamnation.

SOU-CHUN.

Huissiers, qu'on lui mette au cou cette lourde cangue toute neuve, qui pèse neuf livres et demie.

UN HUISSIER.

Vous êtes obéi. (*à Haï-tang, en lui mettant la cangue*), Femme coupable ! mettez votre cou dans la cangue.

HAÏ-TANG.

Oh ciel !

(*Elle chante.*)

" Ce cruel magistrat ne cesse de tyranniser le peuple.
" Sans respect pour la justice, il vient de tracer sur ce
" papier l'aveu de crimes imaginaires. Il ne me reste plus
" ici qu'à pleurer et à invoquer le ciel d'une voix gémis-
" sante. Mais hélas ! le ciel est placé trop haut pour
" entendre mes plaintes ! Ah ! quand pourrai-je trouver
" un juge intègre qui reconnaisse mon innocence ? "

TCHAO.

Impudente que vous êtes ! Le président de ce tribunal est un magistrat juste et intègre, dont les décisions sont constamment fondées sur les lois. Où trouverait-on au monde un magistrat aussi équitable, aussi impartial que Son Excellence ?

HAÏ-TANG (*poussant des sanglots*).

(*Elle chante.*)

" Faible et mourante comme je suis, comment pourrai-je
" endurer les rigueurs du cachot où je dois attendre la
" peine capitale !"

(*Elle sort avec les huissiers*).

SCÈNE VI.

TCHAO.

Voilà un procès terminé Les témoins peuvent s'en retourner tranquillement chez eux. Quant à l'accusatrice, je promets de lui faire connaître la décision du tribunal suprême de K'aï-fong-fou, aussitôt qu'elle m'aura été rapportée. (*Ils se retirent tous après s'être prosternés jusqu'à terre.*) Pour moi, voilà un jour entier que je suis occupé à juger. La faim me presse ; il faut que je m'en retourne pour aller dîner.

(*Il sort.*)

SCÈNE VII.

SOU-CHUN.

Cette affaire est enfin terminée ; mais je songe que, quoique je sois magistrat, je ne rends jamais aucun arrêt.

Qu'il s'agisse de fustiger quelqu'un, ou de le mettre en liberté, j'abandonne cela à la volonté du greffier Tchao, au risque de faire dire que je suis un coquin fieffé.

(*Il récite des vers.*)

" Maintenant quelle que soit sa décision, je ne m'en mets
" nullement en peine, et ne lui adresse jamais aucun
" reproche. Que l'accusation soit vraie ou fausse ; qu'il
" condamne à la bastonnade, à la déportation, ou à l'exil ;
" je lui laisse pleine et entière liberté. Je ne demande
" qu'une chose : de l'argent, et toujours de l'argent dont
" je fais deux parts, l'une pour moi et l'autre pour lui.

(*Il sort.*)

FIN DU SECOND ACTE.

TROISIÈME ACTE.

SCÈNE I.

UN CABARETIER.

Je suis marchand de vin ; mon cabaret est situé à dix lis (une lieue) de Tching-tcheou, et les marchands et les voyageurs, qui vont du midi au nord, ne manquent jamais de s'arrêter dans ma maison. Je viens d'ouvrir ma porte, et j'ai mis chauffer sur le feu ce chaudron de vin. Voyons un peu s'il m'arrive quelques chalands.

SCÈNE II.

(Deux gendarmes conduisant Haï-tang ; Haï-tang tombe, se relève et s'assied.)

UN DES GENDARMES.

Je suis un gendarme fort connu, attaché au tribunal de Tching-tcheou ; mon nom est Tong-tchao. Mon camarade, que voici, s'appelle Sie-pa. Nous conduisons cette femme, nommée Tchang-haï-tang, à K'aï-fong-fou, où sera prononcée sa condamnation.—Holà ! femme, avance un peu. Entends-tu le bruit du vent, vois-tu ces tourbillons de neige ? Tu dois avoir faim. Tiens, voici quelques provisions.

Nous allons acheter une tasse de vin, et quand tu auras mangé, tu pourras poursuivre ta route.

(Il la frappe.)

HAÏ-TANG (se levant).

Je vous en prie, mon frère, ne me frappez point. Je suis condamnée injustement, et il ne me reste plus que quelques moments à vivre. A quoi bon m'offrir à manger ? Je ne vous demande qu'une chose, c'est d'avoir pitié de mon sort.

TONG-TCHAO.

Femme ! pourquoi dans l'origine as-tu empoisonné ton mari ? Pourquoi as-tu enlevé le fils de sa femme légitime ? Allons, parle doucement, je t'écoute.

HAÏ-TANG.

Quand me verrai-je justifiée des crimes qu'on m'impute ? A qui raconterai-je l'injustice qui pèse sur mon cœur ? A qui dénoncerai-je ceux qui, après m'avoir ravi mon fils, m'accusent encore d'avoir empoisonné mon époux ? A qui dirai-je que je n'ai pu endurer la rigueur des tortures, ni rencontrer un juge intègre et désintéressé ?

SIE-PA.

Si tu nous donnais quelque chose, à moi et à mon camarade, personne ne te demanderait d'argent pour ta délivrance, et tu n'aurais plus besoin de t'inquiéter de l'équité, ou de l'iniquité du juge.

HAÏ-TANG.

Tout homme ami de la justice doit avoir pitié de moi. Couverte du sang qui ruisselle des plaies que m'ont faites les tortures, en proie à des douleurs inouïes, qui m'arrachent ces soupirs et ces cris dont retentissent les airs, comment pourrais-je prendre de la nourriture! Hélas! mes vêtements tombent en lambeaux, et ce cadenas de fer et cette cangue chargée de cuivre, m'accablent de leur pesanteur! Durs et cruels comme vous êtes, comment pourriez-vous sentir que je suis victime d'une odieuse injustice?

TONG-TCHAO

Quand on devrait te tuer injustement, tu n'aurais pas le droit de nous accuser; ce n'est point nous qui t'avons entraînée dans ce malheur. Dis-moi, comment veux-tu que nous ayons pitié de ton sort? Mais la neige tombe avec une nouvelle force; allons, marche un peu plus loin.

HAÏ-TANG.

(*Elle chante.*)

" La neige qui tombe sur ma tête ne s'est pas arrêtée
" un seul instant; le vent furieux ébranle les arbres de la
" forêt. Hélas! dans ce lieu désolé, j'éprouve de cruelles
" angoisses, qui m'arrachent ces pleurs et ces sanglots!
" Je voudrais marcher, mais les forces m'abandonnent, mes
" genoux se dérobent sous moi, et, pour comble de douleur,
" je sens que les plaies des tortures se rouvrent et saignent
" encore!"

SIE-PA.

Nous sommes chargés de la commission la plus pénible, et encore elle ne veut pas marcher!

(*Il la frappe.*)

HAÏ-TANG.

(*Elle chante.*)

" Pourquoi vous irriter de la sorte? Pourquoi m'acca-
" bler d'injures? Tout ce que je puis faire, c'est de me

" traîner à pas lents. Si vous continuez de me frapper,
" j'expirerai sous les coups."

TONG-TCHAO.

Si, dans l'origine, tu n'avais pas avoué, tu serais libre
aujourd'hui. Qui est-ce qui t'obligeait d'avouer?

HAÏ-TANG.

Mon frère, ne me fatiguez pas de questions impor-
tunes ; veuillez seulement m'écouter.

(*Elle chante.*)
" Quand je vis ce juge cruel déployer contre moi toutes
" les rigueurs des lois, je me crus livrée aux supplices de
" l'enfer. Je ne pus supporter les coups et les tortures
" qu'il m'infligea pour m'arracher l'aveu de crimes imagi-
" naires, et, vaincue par la douleur, je signai ma con-
" damnation. Jusqu'aujourd'hui, qui est-ce qui a daigné
" prendre pitié de mon sort? Victime, hélas ! d'une injuste
" accusation, j'ai été livrée, malgré mon innocence, à tous
" les genres de tourment !"

TONG-TCHAO.

Allons, femme, lève-toi ; quand nous aurons tourné cette
colline, je te laisserai reposer quelques instants.

HAÏ-TANG.

" P'aissé-je arriver bientôt à cette colline ! Mais hélas !
" transie de froid, abattue par les souffrances, je puis à
" peine me tenir debout. (*Elle fait quelques pas et tombe.*)
" Au moment où je voulais lever le pied, j'ai senti une
" épine qui pénétrait dans ma chair."

TONG-TCHAO, (*d'un ton courroucé.*)
Lève-toi !

HAÏ-TANG.

(*Elle chante.*)

" Aïe ! votre caractère est impétueux comme la flamme.
" Voyez, mon frère, ce terrain que la glace a rendu uni et
" luisant ; comment s'empêcher de glisser ?"

SIE-PA.

Mille hommes, dix mille hommes passeraient ici sans
glisser, et toi tu ne saurais marcher sans faire un faux pas.
Attends un peu que j'aille devant. Si je ne glisse pas, je
te brise les jambes à coups de bâton. (*Il marche et tombe.*)
En effet, ce chemin est un peu glissant.

SCÈNE III.

TCHANG-LIN.

JE m'appelle Tchang-lin ; je suis le premier employé
du cinquième tribunal de K'aï-fong-fou. Aujourd'hui le
Gouverneur Pao-tching a reçu une commission militaire
pour les frontières de Si-yen. J'ai été chargé d'aller
au-devant de lui, et, à mon retour, j'ai été surpris par ces
torrents de neige. Ô, ciel ! puisse-t-elle s'arrêter quelques
instants !

HAÏ-TANG (*l'apercevant.*)

Cet homme qui marche-là ressemble bien à mon frère
Tchang-lin.

(*Elle chante.*)

" J'ai aperçu les traits de son visage ; il me semble que
" c'est lui. Mais si mes yeux, troublés par les larmes,
" me faisaient illusion ! Regardons bien attentivement...

" Oui... je ne me trompe point... c'est lui... c'est lui-
" même. Je redresse avec effort mes épaules tremblantes,
" je soutiens de mes mains mes flancs épuisés. Hélas !
" comment courir après lui, avec cette chaîne de fer et
" cette lourde cangue ?"

TCHANG-LIN (*regardant les gendarmes*).

Où conduisez-vous cette femme qui porte cette chaîne de
fer et cette lourde cangue ?

HAÏ-TANG.

Mon frère !

(*Elle chante.*)
" O mon frère ! Arrête-toi, et délivre ta sœur."

(*Elle parle.*)
Mon frère !

(*Elle chante.*)
" Tu apparais à ma vue comme l'image vivante de Kouan-
" in,* qui habite sur le mont Lo-kia-chan. Qu'attends-tu
" pour manifester cette bonté compatissante qui te fait
" soulager les souffrances des hommes ?"

(*Elle parle.*)
O mon frère ! délivre ta sœur.

TCHANG-LIN.

Qui es-tu ?

HAÏ-TANG.

Je suis ta sœur Haï-tang.

TCHANG-LIN (*la frappe et la repousse*).

Vile prostituée ! te souviens-tu comment tu m'as secouru
ce jour où j'implorai ton assistance ? (*Il s'en va.*)

* *Kouan-in* est le nom d'un *P'ousa*, ou de l'une des plus grandes divinités
de la religion Indienne importée à la Chine.

F

HAÏ-TANG (*pleure et court après lui*).

(*Elle chante.*)

" Je me demande pourquoi il m'adresse ces grossières
" injures. Je le sens : il est difficile de cacher long-temps
" un feu qui couve en secret. C'est ma vue qui a réveillé
" son ancienne inimitié ; c'est ma vue qui a fait éclater
" cette violente colère."

(*Tchang-lin continue sa route ; Haï-tang court après lui
et l'arrête par ses vêtements.—T'chang-lin se dégage de
ses mains.*)

HAÏ-TANG (*d'une voix émue*).

Mon frère !

(*Elle chante.*)

" Il ne daigne pas me reconnaître ! Mais, quand je
" devrais perdre la vie, je vais courir après lui et l'arrêter
" par ses vêtements."

TONG-TCHAO (*saisissant Haï-tang par les cheveux*).

Cette femme veut absolument harceler les passants et les
assommer par son importunité.

HAÏ-TANG.

(*Elle chante.*)

" Plus prompt que moi, il a saisi ma chevelure..."

TCHANG-LIN.

Vile prostituée ! lâche-moi, lâche-moi.

HAÏ-TANG (*à Tong-tchao*).

(*Elle chante.*)

" Je vous en supplie (*ter*), homme cruel, laissez-moi un
" instant de répit. Et toi, mon frère, viens (*ter*) écouter
" l'origine véritable de mes malheurs."

TCHANG-LIN.

Misérable ! si tu avais prévu jadis ce qui t'arrive aujourd'hui, tu ne m'aurais pas refusé quelques robes et quelques ornements de tête, que j'aurais pu vendre pour subvenir à mes besoins !

HAÏ-TANG.

(*Elle chante.*)

" Elle (*ter*) aimait à perdre et à tuer les autres ; tous " ses projets ne respiraient que l'astuce et la perfidie. Tu " as pris l'aiguille d'or qui ornait ma coiffure, et moi " (*ter*), pour l'avoir donnée, je suis tombée dans l'abîme " où tu me vois."

(*Elle parle.*)

Mon frère ! ces malheurs affreux qui accablent ta sœur viennent de ces robes et de ces ornements de tête. D'abord, craignant que cette femme ne vînt, je n'osai point te donner ces objets, pour te procurer quelques provisions. Aurais-je pu croire qu'elle m'engagerait à les ôter et à les donner à mon frère ? Mais aussitôt que le seigneur Ma fut de retour, elle lui dit que j'entretenais un amant et que je lui avais offert ces robes et ces ornements de tête. Transporté de colère, le seigneur Ma s'évanouit et tomba malade. Ce n'est pas tout ; elle lui donna un breuvage empoisonné qui le fit mourir subitement. Puis elle traîna ta sœur devant le juge, et me fit condamner comme ayant empoisonné mon époux et ravi son propre fils. O ciel ! Ayez pitié de moi ! je succombe sous le poids d'une injuste accusation.

TCHANG-LIN.

A qui appartenaient ces robes et ces ornements de tête ?

HAÏ-TANG.

A ta sœur.

TCHANG-LIN.

Quoi, c'était à toi ! Eh bien, cette méchante femme me dit que ces objets venaient du trousseau que lui avaient donné ses parents. En ce cas, j'ai eu tort de me fâcher contre toi. Il y a devant nous un cabaret ; viens-y avec moi, pour que nous vidions ensemble quelques tasses de vin. (*Ils se dirigent vers le cabaret avec les deux gendarmes.*) —Holà ! garçon, apportez du vin.

SCÈNE IV.

LE MARCHAND DE VIN.

En voici, en voici, en voici. Veuillez entrer et vous asseoir.

TCHANG-LIN.

Gendarmes, je suis le premier employé du cinquième tribunal de K'aï-fong-fou ; mon nom est T'chang-lin. Cette femme est ma propre sœur. J'étais allé au-devant du gouverneur Pao ; maintenant je m'en retourne à la ville. Je vous engage à bien regarder sur la route.

TONG-TCHAO.

Mon frère, vous n'avez pas besoin de nous donner cette recommandation. Nous vous prions seulement de nous expédier, aussitôt que vous serez arrivé à la ville, la réponse officielle que nous devons rapporter.

TCHANG-LIN.

Cela est facile.—Ma sœur, je disais jadis que cette femme était remplie de prudence et de sagesse. Mais maintenant que je vois la cruauté de son caractère, je me demande comment tu pourras lui échapper.

HAÏ-TANG.

(Elle chante.)

" Cette femme, dont le visage brille d'un éclat emprunté,
" a reçu de toi la qualification de sage et de prudente,
" et cependant, quand son mari m'interrogea, elle déploya
" contre moi toute la méchanceté de sa langue, et accu-
" mula, pour me perdre, mensonge sur mensonge.

" Plus tard, elle dit que j'avais empoisonné mon mari,
" que j'avais détourné tous ses effets, et que je voulais lui
" enlever son fils. Ensuite, elle me traîna devant le
" tribunal de Tching-tcheou, sans s'embarrasser des tortures
" intolérables auxquelles je serais soumise. Là, malgré
" mon innocence, je fus meurtrie de coups, couverte de
" blessures, et placée sous le glaive du bourreau. A qui
" dois-je imputer la mort qui me menace, si ce n'est à ce
" monstre altéré de sang ?"

(Elle parle.)

Mon frère, reste un instant ici, j'ai besoin d'aller quelque part. *(Elle sort.)*

SCÈNE V.

TCHAO ET MADAME MA.

Je suis Tchao, le greffier. Je viens de faire conduire Haï-tang à K'aï-fong-fou. Je pense bien qu'elle n'a point de proche parent qui puisse s'intéresser à son sort et demander la révision du jugement. Cependant il vaut mieux se défaire d'elle sur la route. Quel bonheur quand elle ne sera plus ! Aussi ai-je choisi, pour la conduire, deux gendarmes capables de faire ce coup de main ; ce sont Tong-tchao et Sie-pa. A leur départ, je leur ai donné à chacun cinq onces d'argent.* D'après mes instructions, il n'ont pas besoin d'attendre qu'ils soient beaucoup éloignés de Tching-tcheou. Il leur suffit de s'arrêter au premier endroit désert, pour expédier leur prisonnière. Mais ils ne reviennent point me rendre compte de leur commission ; je commence à avoir de l'inquiétude. Il faut que j'aille faire un tour avec Madame pour éclaircir mes doutes.

MADAME MA.

En marchant au milieu de cette neige, j'ai été saisie par un froid qui engourdit tous mes membres. Allons un instant dans ce cabaret : nous nous réchaufferons avec quelques tasses de vin, et nous continuerons notre route.

TCHAO.

Madame, vous avez raison. (*Ils entrent dans le cabaret—Haï-tang les aperçoit.*)

HAÏ-TANG.

Quelle bonne rencontre ! La voilà qui entre ici avec le compagnon de ses débauches. Allons avertir mon frère.

(*Elle chante.*)

" Cette femme est bien cruelle, elle est bien audacieuse !
" Puisque les voilà tous les deux entrés, je veux arrêter
" le cours de leurs crimes ; mais comment y réussir ?"

(*Elle parle.*)

Mon frère, cette femme débauchée est dans le cabaret

* 57 f. 90. (4 l. 10s. 4d.)

avec son complice. Viens avec moi les saisir et les emmener.

TCHANG-LIN (parlant aux gendarmes).

Mes amis, prenez-moi cette femme adultère avec son
amant.

HAÏ-TANG.

(Elle chante.)

" Sortez vite ; gardez-vous de les effrayer et de leur
" faire prendre la fuite. Allons, hâtez-vous de les saisir.
" Nous verrons qui de nous est innocent, qui de nous re-
" cevra le châtiment réservé au crime."

(Tchang-lin sort avec sa sœur pour les saisir.—Les deux
gendarmes leur font signe de s'enfuir.—Haï-tang saisit
madame Ma, qui se dégage de ses mains et s'échappe
avec T'chao.)

HAÏ-TANG.

(Elle chante.)

" J'avais saisi ses vêtements, et, par la faute de ces
" hommes, elle s'est échappée d'entre mes mains. A quoi
" ont servi tous mes discours contre elle ? Que me revient-
" il d'avoir excité, au plus haut point, la colère de mon
" frère ? Ce qui m'indigne surtout, c'est qu'en faisant
" un signe, ces gendarmes aient causé la fuite de son
" amant adultère."

TCHANG-LIN (parlant à Tong-tchao).

Imbécilles que vous êtes ! le signe que vous venez de
faire, avec votre camarade, leur a donné l'éveil, et leur a
permis de s'enfuir. Savez-vous que je suis le premier
employé du cinquième tribunal de K'aï-fong-fou, et que,
si je vous donne une bonne correction, je n'ai pas peur que
vous ne veniez m'accuser ? *(Il frappe Tong-tchao.)*

TONG-TCHAO.

Puisque le maître que je sers est subordonné au vôtre, vous pouvez me frapper; mais, à mon tour, j'ai le droit de frapper cette prisonnière dont la garde m'est confiée. (*Il frappe Haï-tang.*)

HAÏ-TANG.

(*Elle chante.*)

" Ces hommes me conduisent en prison d'après les
" ordres du magistrat; à quoi bon vous battre ainsi les
" uns contre les autres?"

(*Tchang-lin saisit Tong-tchao par les cheveux; celui-ci
saisit de même Haï-tang.*)

HAÏ-TANG.

(*Elle chante.*)

" Il serre violemment sa prisonnière, et, sans pitié pour
" les souffrances qui m'accablent, il me brise, il me
" tue.........!"

LE CABARETIER (*les retenant*).

Allons, payez-moi le vin que vous avez bu, et retirez-vous.

SIE-PA.

De quel vin oses-tu nous réclamer le prix? (*Il le renverse
d'un coup de pied et sort avec les autres.*)

SCÈNE VI.

LE CABARETIER.

Voyez si je n'ai pas du malheur! Je suis resté la moitié du jour sur le seuil de ma porte, en attendant le monde.

Enfin il m'arrive trois ou quatre personnes qui demandent du vin. Elles se prennent de querelle, sans que je sache pourquoi, et renvoient, à force du coups, deux excellentes pratiques. Quant à de l'argent, je puis dire que je n'ai pas encore reçu un denier. Dès aujourd'hui je suis décidé à fermer ce cabaret et à essayer d'un autre commerce.

(*Il récite des vers.*)

" Cette profession est loin d'être florissante. Tous les
" jours, des gens à qui j'ai vendu du vin, me font perdre
" l'argent qu'ils me doivent. Je vais mettre les verroux et
" fermer ma boutique. J'aime mieux aller vendre des
" poules d'eau, qui se paient comptant."

(*Il sort.*)

FIN DU TROISIÈME ACTE.

ACTE QUATRIÈME.

———

(La scène se passe au tribunal de K'aï-fong-fou.)

SCÈNE I.

LE GOUVERNEUR de K'aï-fong-fou, suivi d'un OFFICIER
de justice et de plusieurs huissiers.

L'OFFICIER *(d'un ton impérieux).*

Gens du tribunal, à qui je souhaite paix, apportez le
bureau de Son Excellence.

LE GOUVERNEUR.

" Je suis venu cette année pour remplir une mission de
" l'Empereur, et je tiens à la fois l'enseigne dorée et le
" glaive, symbole de la puissance." Mon nom de famille est
Pao, mon surnom est Tching et mon nom honorifique
Hi-wen. Je suis originaire du village de Lao-eul, district
de Sse-hiang, principauté de Kin-tcou, arrondissement de
Liu-tcheou. Tous les fonctionnaires publics, connaissant
la pureté de mes principes et ma fermeté inflexible à main-
tenir l'observation des lois, se consacrent avec zèle au service de l'état, et craignent maintenant de se laisser guider
par l'intérêt et la cupidité. Ils ne fréquentent plus que
des personnes renommées par leur probité et leur piété
filiale, et repoussent de leur société les médisants et les
flatteurs. L'Empereur m'a encore comblé de nouveaux
bienfaits. J'ai reçu à la fois le titre de membre du cabinet

des antiques, et celui de conservateur des chroniques et
des archives. En me conférant la dignité de gouverneur
de K'aï-fong-fou, Sa Majesté ma décerné l'enseigne dorée
et le glaive, symbole de la puissance. Elle me charge,
non seulement de scruter la conduite des magistrats
iniques et des employés infidèles à leurs devoirs,
mais encore de venger les griefs du peuple, et de rendre
justice aux opprimés ; elle me permet même de faire
d'abord décapiter les coupables, et de lui annoncer ensuite
leur exécution. Aussi mon nom seul suffit pour arrêter
le bras des personnes disposées à abuser de leur influence
et de leur autorité ; mon ombre seule glace d'effroi les
hommes cruels et débauchés. Au-delà de mon enseigne
règne une balustrade,* formée de cordes nouées, et près
des murs de cette enceinte, j'ai fait construire une prison.
Voilà ce qui impose aux fonctionnaires publics et les
contient dans le devoir. Sur la table de pierre, où sont
énumérées les défenses légales, j'ai fait graver les mots
Iu-tchi (*par ordre de l'Empereur*), et tout le monde, en
la voyant, est saisi d'une crainte respectueuse. Au bas
des degrés de mon tribunal, j'ai fait écrire les mots Ti-
ching (*parlez à voix basse*). A l'ombre des acacias, qui en
ombragent le chemin, j'ai fait ranger vingt quatre cangues
de la plus grande dimension, et devant la salle où je rends
mes arrêts, plusieurs centaines de massues, hérissées de
dents de loup.

(*Il récite des vers.*)
" Pendant tout le jour, pas un atome de poussière†
" n'arrive à la salle du gouverneur ; seulement les acacias

* La première partie du discours de Pao-tching est un des morceaux les
plus difficiles de toute la pièce. J'ai mieux aimé la donner avec quelques
incorrections, que de la passer tout-à-fait.

† C'est-à-dire, le plus léger bruit.

« couvrent de leur ombre le chemin qui y conduit. Les
« hommes du dehors n'osent pousser aucune clameur, et,
« en passant, les oiseaux mêmes suspendent leurs cris
« bruyants."

J'ai vu hier un rapport qui m'est adressé par le gouverneur
de Tching-tcheou. Il y est dit qu'une seconde femme, appelée
Tchang-haï-tang, a empoisonné son mari, pour satisfaire une
passion criminelle ; qu'elle a enlevé de force un enfant appartenant à la femme légitime, et qu'elle lui a détourné ses
effets. De tels crimes sont du nombre des dix que l'on punit
de mort, sans attendre l'exécution d'automne. A mon avis, on
voit souvent des femmes assez dénaturées pour empoisonner
leurs maris, mais à quoi bon enlever de force l'enfant de la
femme légitime ? Ajoutez à cela, que l'amant adultère n'est
nullement désigné dans le rapport. Je crains bien que
toute cette affaire ne soit peut-être le résultat d'une impu-
tation calomnieuse. C'est pourquoi j'ai secrètement donné
ordre d'aller prendre et d'amener ici l'accusatrice et ses
témoins. J'ai besoin de leur présence pour reviser ce procès.
Cette démarche est une preuve de ma justice et de mon
impartialité.

Officier, apportez le tableau de causes qui me sont
soumises en dernier ressort ; qu'ensuite on m'amène successivement les accusés, par ordre d'arrondissements et de
districts, afin que je condamne les coupables.

SCÈNE II.

(Haï-tang entre avec les deux gendarmes et Tchang-lin.)

TCHANG-LIN.

Ma sœur, quand tu seras devant le magistrat, il ne manquera pas de t'interroger. Tu n'as qu'à lui faire connaître l'injustice dont tu es victime : ce juge suprême examinera de nouveau la sentence et l'annulera. Si tu ne veux point t'expliquer toi-même, garde le silence à chaque question ; je me charge de parler à ta place.

HAÏ-TANG.

Quand pourrai-je dénoncer cette odieuse calomnie, si je ne le fais pas aujourd'hui ?

TONG-TCHAO.

Il y a déjà long-temps que Son Excellence est assise sur son tribunal. Il faut d'ailleurs que nous nous acquittions promptement de notre commission. Allons, dépêchez-vous d'entrer.

HAÏ-TANG.

(Elle chante.)

" Qui est-ce qui connaît l'injustice qui pèse sur mon
" cœur ? Hélas ! je ne puis que gémir et laisser couler
" deux ruisseaux de larmes ! Pour n'avoir pas su, dans
" l'origine, prévoir les malheurs dont j'étais menacée,
" j'éprouve aujourd'hui d'amers, d'inutiles regrets ! Ces
" hommes cruels me poussent et me traînent avec violence,
" et ne me laissent pas même quelques moments de répit."

TCHANG-LIN.

Ma sœur, nous voici arrivés devant le tribunal de K'aï-fong-fou. Laisse-moi passer devant ; tu entreras à la suite des gendarmes. Ce juge est comme un brillant miroir qui réfléchit tous les objets placés au dessous de lui. A peine a-t-il entendu une affaire, qu'il la connaît comme s'il l'eût vue lui-même dans tous ses détails. Allons, prends de l'assurance et va t'expliquer toi-même.

HAÏ-TANG.

(*Elle chante.*)

" Tu dis qu'il ressemble à un brillant miroir, placé
" sur un lieu élevé, que, dans le tribunal du midi, il sait
" remonter à la source des faits, et effacer les fausses accu-
" sations. Parlons : qu'ai-je à craindre ? Mais hélas !
" chargée de cette chaîne de fer et de cette lourde cangue,*
" je voudrais parler, et je sens que je n'aurai pas la force
" de répondre. Si je ne puis porter la conviction dans son
" esprit, je t'en prie, mon frère, viens à mon secours, et
" aide-moi dans ma défense."

(*Tchang-lin entre le premier ; Haï-tang vient ensuite avec les deux gendarmes ; ils se mettent à genoux dès qu'ils aperçoivent le gouverneur.*)

TONG-TCHAO.

Nous vous amenons de Tching-tcheou cette prisonnière, qui s'appelle Tchang-haï-tang.

L'OFFICIER.

Seigneur, délivrez à ces gendarmes votre réponse officielle, afin qu'ils s'en retournent pour rendre compte de leur com-mission.

* Espèce de collier de bois qu'on attache au cou des criminels.

PAO-TCHING.

Qu'on les fasse rester ici. Vous les renverrez avec la réponse officielle, quand j'aurai jugé l'affaire.

L'OFFICIER.

Vous êtes obéi.

PAO-TCHING.

Tchang-haï-tang, est-il vrai que vous avez empoisonné votre mari, pour vivre avec un amant, que vous avez enlevé le fils de sa femme légitime, et que vous avez détourné ses effets ? Répondez successivement à toutes ces questions : parlez, je vous écoute. (*Haï-tang garde le silence et regarde Tchang-lin.*)

TCHANG-LIN.

Allons, ma sœur, parle toi-même. Hélas ! depuis que tu es au monde, tu n'as jamais paru devant un magistrat aussi imposant ; eh ! bien, je vais parler à ta place. (*Il se met à genoux.*)—Seigneur, Tchang-haï-tang, que vous voyez, est une personne tendre et sensible ; et elle n'aurait jamais osé empoisonner son mari pour entretenir un commerce criminel.

PAO-TCHING.

Eh ! quoi, tu es employé dans mon tribunal, et tu oses prendre la défense d'un accusé ! Tu mériterais d'être châtié. (*Tchang-lin se lève.*) Holà ! femme, exposez les détails de votre cause. (*Haï-tang garde le silence.*)

TCHANG-LIN (*à genoux*).

Seigneur, Tchang-haï-tang n'a point entretenu de commerce criminel avec un amant, elle n'a point empoisonné son mari, elle n'a point enlevé d'enfant, elle n'a point détourné d'effets. C'est la femme légitime elle-même qui a entretenu des relations coupables avec un greffier, nommé Tchao, et quand elle a accusé Haï-tang en justice, c'est ce même Tchao qui a porté la sentence. Je vous jure, Seigneur, que, si elle a fait l'aveu des crimes qu'on lui imputait, c'est qu'elle y a été forcée par les tortures.

PAO-TCHING.

Drôle que tu es! qui est-ce qui t'a chargé de répondre ? Officier, prenez-moi cet homme-là et appliquez-lui trente coups de bâton. (*L'officier saisit Tchang-lin et le frappe.*)

TCHANG-LIN (*se prosternant jusqu'à terre*).

Cette Tchang-haï-tang est ma propre sœur. Comme elle n'a jamais paru devant un magistrat aussi imposant que Votre Excellence, j'ai craint qu'intimidée, interdite, elle n'eût pas la force de lui faire connaître la vérité. Voilà pourquoi j'ai osé parler pour elle.

PAO-TCHING.

Si tu es son frère, je te permets de parler pour elle, deux ou trois fois, devant mon tribunal ; mais si tu ne l'es pas, je fais couper ta tête d'âne avec ce large couteau. Allons, femme, parlez avec toute l'exactitude et la sincérité dont vous êtes capable : vous pouvez compter sur mon appui.

HAÏ-TANG.

Seigneur !

(*Elle chante*).

" Pendant que, tremblante, éperdue, je suis à ge-
" noux au pied du tribunal, Votre Excellence m'ordonne
" de faire un récit circonstancié. Comment hélas !

" pourrai-je soutenir la fureur de ces cruels sergents qui
" me pressent et me harcelent comme des tigres et des
" loups dévorants ? Veuillez, Seigneur, m'écouter avec
" attention ; je vous exposerai en détail tous les faits qui
" se rattachent à ma cause."

PAO-TCHING.

Eh ! bien, Tchang-haï-tang, de qui êtes vous fille, quelle
était votre condition quand vous avez épousé Ma-kiun-king
en qualité de seconde femme ?

HAÏ-TANG.

(*Elle chante.*)

" Je vivais parmi les saules et les fleurs. Je recon-
" duisais l'un, pour aller au-devant d'un autre, et mon
" occupation habituelle était le chant et la danse."

PAO-TCHING.

Ah ! ah ! vous étiez une fille de joie ! Et ce Ma-kiun-
king, vous traita-t-il avec bonté ?

HAÏ-TANG.

(*Elle chante.*)

" Nous vécûmes avec Ma-kiun-king comme deux époux
" tendrement unis."

PAO-TCHING.

Est-il vrai que Tchang-lin est votre frère ?

TCHANG-LIN.

Tchang-haï-tang est la sœur de votre serviteur.

G

HAÏ-TANG.

(*Elle chante.*)

" L'an passé, mon frère, manquant de vivres et d'habits,
" vint me prier de lui en procurer."

PAO TCHING.

Eh ! bien, lui avez-vous donné quelques secours ?

HAÏ-TANG.

(*Elle chante.*)

" Oui, Seigneur, je lui donnai des robes et des ornements de tête."

TCHANG-LIN.

L'argent avec lequel j'achetai une couverture, provenait
de la vente d'une partie de ces effets.

PAO TCHING (*à Haï-tang*).

Votre mari ne vous a-t-il pas demandé ce qu'étaient
devenus ces robes et ces ornements de tête ?

HAÏ-TANG.

Seigneur, il le demanda en effet. Mais cette femme, qui
par ses instances, m'avait décidée à donner ces objets à
mon frère, m'accusa, auprès du seigneur Ma, de les avoir
secrètement donnés à un amant. N'était-ce pas assez pour
le faire mourir de colère ?

(*Elle chante.*)

" Transporté de colère, mon mari m'adressa de violents
" reproches et tomba subitement malade."

PAO-TCHING.

Puisque c'était elle qui avait ainsi causé la mort de son mari, comment se fait-il qu'elle vous ait accusée en justice de l'avoir empoisonné ?

HAÏ-TANG.

(*Elle chante.*)
" Traînée, malgré mon innocence, devant le tribunal,
" j'eus à subir toutes les rigueurs de la torture."

PAO-TCHING.

Votre mari étant mort, que signifie cet enlèvement d'un enfant ?

HAÏ-TANG.

(*Elle chante.*)
" La mort ayant emporté mon époux, elle voulut encore
" séparer le fils de sa mère."

PAO-TCHING.

On dit qu'elle est la mère de cet enfant.

HAÏ-TANG.

(*Elle chante.*)
" Poussée par sa perversité naturelle et la plus basse
" jalousie......,"

PAO-TCHING.

Cependant les voisins et les voisines ont affirmé qu'elle est sa mère.

HAÏ-TANG.

(*Elle chante.*)
" Elle a acheté à prix d'argent le témoignage de ces

G 2

" hommes et de ces femmes, et les a engagés ainsi à servir
" ses desseins."

PAO TCHING.

Est-ce que le magistrat n'a point cherché à s'assurer
de la vérité de leurs dépositions ?

HAÏ-TANG.

(*Elle chante.*)

" Aucun magistrat ne se mit en peine de découvrir de
" quel côté était le crime ou l'innocence, la vérité ou le
" mensonge."

PAO TCHING.

En ce cas, il ne fallait pas vous avouer coupable.

HAÏ-TANG.

(*Elle chante.*)

" J'étais bien éloignée de confesser les crimes dont on
" m'accusait, et de les confirmer par ma signature ; mais
" je n'ai pu endurer jusqu'au bout les tortures employées
" pour m'en arracher l'aveu."

PAO-TCHING.

Est-il possible que le magistrat de Tching-tcheou vous
ait fait subir les rigueurs de la question ?

HAÏ-TANG.

(*Elle chante.*)

" Comment pouvais-je résister à un magistrat qui torture
" les accusés sans demander de quel côté est le crime ou
" l'innocence ! Ce n'est pas tout : je trouvai, sur le tribunal
" même, un ennemi acharné, que secondaient ces cruels

" sergents, et je restai, devant eux, sans défense et sans
" appui.

" Hélas ! j'entendis subitement, au bas des degrés, un
" cri semblable au bruit du tonnerre. Une grêle de coups
" pleut sur mes reins, et les dépouille entièrement. De ce
" côté-ci, on m'accable de blessures qui me causent d'in-
" tolérables douleurs ; de ce côté-là, les témoins, achetés à
" prix d'argent, ne reçoivent aucun châtiment. Mes arti-
" culations craquent, mes os se brisent sous les coups des
" bourreaux, et leurs bras nerveux ne s'arrêtent que lorsque
" je tombe sans connaissance et sans mouvement."

SCÈNE III.

L'OFFICIER.

Les gens de Tching-tcheou, que vous devez juger,
viennent d'être amenés tous ensemble.

PAO-TCHING.

Faites-les entrer.

(*Madame Ma, le jeune enfant, les voisins et les deux
femmes entrent et se mettent à genoux.*)

L'OFFICIER.

Les voici devant vous.

PAO-TCHING (*à madame Ma*).

Femme, quelle est la mère de cet enfant ?

MADAME MA.

C'est moi qui suis sa mère.

PAO-TCHING.

Et vous, voisins et voisines, dites-moi quelle est la mère de cet enfant.

TOUS (*à la fois*).

Nous jurons que c'est la femme légitime qui est sa mère.

PAO-TCHING.

Eh ! bien, qu'on fasse venir Tchang-lin.

(*Il lui fait un signe avec la main.—Tchang-lin sort.**)

PAO-TCHING.

Officier, allez chercher un morceau de craie.† Vous tracerez, au bas du tribunal, un cercle au milieu duquel vous placerez le jeune enfant, et vous ordonnerez à ces deux femmes de le tirer chacune de leur côté. Dès que sa propre mère l'aura saisi, il lui sera aisé de le faire sortir hors du cercle ; mais la fausse mère ne pourra l'amener à elle.

L'OFFICIER.

Vous êtes obéi.

(*Il trace un cercle avec de la craie, et ordonne au jeune enfant de se tenir debout au milieu.—Madame Ma tire l'enfant et l'entraîne hors du cercle ; Haï-tang ne peut y réussir.*

PAO-TCHING.

Il est évident que cette femme n'est point la mère de l'enfant, puisqu'elle n'est pas venue à bout de le tirer hors du

---

* Il sort pour aller chercher Tchao.

† Plus littéralement : un morceau de chaux (chi-hoeï).

cercle. Officier, prenez-moi cette Tchang-haï-tang, et frappez-la au pied du tribunal.

(Il la frappe.)

PAO-TCHING.

Ordonnez à ces deux femmes de tirer de nouveau l'enfant hors du cercle.

(Madame Ma amène à elle le jeune enfant ; Haï-tang ne peut y réussir.)

PAO-TCHING.

Eh ! bien, femme, j'ai fait recommencer l'épreuve à plusieurs reprises, et j'ai vu que vous n'avez pas fait le plus léger effort pour tirer l'enfant hors du cercle.—Officier, prenez-moi de plus grosses verges et frappez-la vigoureusement.

HAÏ-TANG.

Je vous en supplie, Seigneur, apaisez cette colère qui m'effraie comme le bruit du tonnerre, adoucissez cet aspect menaçant, aussi terrible que celui du loup ou du tigre. Quand votre servante fut mariée au seigneur Ma, elle eut bientôt ce jeune enfant. Après l'avoir porté dans mon sein pendant neuf mois, je le nourris pendant trois ans de mon propre lait, et je lui prodiguai tous les soins que suggère l'amour maternel. Lorsqu'il avait froid, je réchauffais doucement ses membres délicats. Hélas ! combien il m'a fallu de peines et de fatigues pour l'élever jusqu'à l'âge de cinq ans ! Faible et tendre comme il l'est, on ne pourrait, sans le blesser grièvement, le tirer avec effort de deux côtés opposés. Si je ne devais, Seigneur, obtenir mon fils, qu'en déboîtant ou en brisant ses bras, j'aimerais mieux périr sous les coups, que de faire le moindre effort pour le tirer hors du cercle. J'espère que Votre Excellence aura pitié de moi.

(*Elle chante.*)

" Comment une tendre mère pourrait-elle s'y décider ?"

(*Elle parle.*)

Seigneur, voyez vous-même.

(*Elle chante.*)

" Les bras de cet enfant sont mous et fragiles comme
" la paille du chanvre, dépouillé de son écorce. Cette
" femme dure et inhumaine pourrait-elle comprendre mes
" craintes ? Et vous, Seigneur, comment se fait-il que
" vous ne découvriez pas la vérité ? Hélas ! combien
" notre position est différente ! Elle a du crédit et de la
" fortune, et moi, je suis humiliée et couverte de mépris !
" Oui, si toutes deux nous tirions violemment ce tendre
" enfant, vous entendriez ses os se briser, vous verriez sa
" chair tomber en lambeaux !"

PAO-TCHING.

Quoique le sens de la loi soit difficile à saisir, il est possible de pénétrer les sentiments du cœur humain. Un ancien a dit ces paroles mémorables: " Quel homme pourrait cacher ce qu'il est, quand vous avez vu ses actions, examiné le mobile de sa conduite, et reconnu le but qu'il se propose ?" Voyez la puissance redoutable que renfermait ce cercle de craie ! Au fond de son cœur, cette femme désirait de s'emparer de toute la fortune de Makiun-king, et c'est pour cela qu'elle a voulu enlever le jeune enfant. Pouvait-elle se douter que bientôt la vérité cachée éclaterait d'elle même au grand jour ?

(*Il récite des vers.*)

" Pour s'emparer de l'héritage, elle enleva le jeune

" enfant. Mais le cercle de craie a mis en évidence le
" mensonge et la vérité. Elle avait un extérieur doux et
" caressant, mais la cruauté était dans son cœur. La
" véritable mère est enfin reconnue."

J'ai donné ordre à Tchang-lin d'amener ici l'amant
adultère; je m'étonne qu'il ne revienne point.

SCÈNE IV.

TCHANG-LIN entre conduisant le greffier TCHAO.

TCHANG-LIN (*se mettant à genoux*).

Voici, Seigneur, le greffier Tchao, que j'amène devant
vous.

PAO-TCHING.

Eh ! bien, Tchao, vous êtes attiré une belle affaire !
Allons, avouez de point en point et en toute vérité,
que, pour satisfaire une passion criminelle, vous avez
empoisonné Ma-kium-king, que vous avez enlevé ce jeune
enfant, afin de vous emparer de tout l'héritage, et que vous
avez soudoyé ces hommes et ces femmes, afin qu'ils rendis-
sent, dans votre intérêt, un faux témoignage.

TCHAO.

Votre serviteur est attaché au tribunal, en qualité de
greffier, comment pourrait-il ignorer à ce point les lois
pénales? Tout cela doit être imputé au gouverneur de
Tching-tcheou, appelé Sou-mo-leng. Quand il fait un interrogatoire, je ne suis entre ses mains qu'un instrument passif.
Je tiens le pinceau et j'écris les réponses des accusés. S'il

se glisse quelque erreur dans le procès verbal, ce n'est point le greffier qu'il faut en accuser.

PAO-TCHING.

Je ne vous demande point s'il s'est glissé quelque erreur dans le procès verbal. Dites-moi seulement si c'est vous qui, pour satisfaire une passion criminelle, avez empoisonné Ma-kiun-king.

TCHAO.

Seigneur, ne voyez-vous pas que cette femme a toute la figure couverte d'une couche de fard? Si l'on enlevait avec de l'eau ces couleurs empruntées, ce ne serait plus qu'un masque hideux, que nul homme ne voudrait ramasser s'il le trouvait sur sa route. Comment eût-elle pu séduire votre serviteur, et l'entraîner dans un commerce criminel?

MADAME MA.

En particulier, tu ne cessais de me dire que j'étais aussi belle que Kouan-in;* et maintenant tu me traites avec un mépris insultant! Perfide que tu es, tu ne mérites pas le nom d'homme!

TCHANG-LIN.

Hier, pendant que la neige tombait à gros flocons, Tchao a pris, avec madame Ma, le chemin que suivaient les gendarmes, afin de s'entendre avec eux. N'est-il pas évident qu'il était son amant? Au reste, veuillez, Seigneur, interroger les deux gendarmes, il vous sera facile alors de connaître la vérité.

* Nom d'une divinité indienne, importée en Chine avec le culte de Bouddha.

TONG-TCHAO.

Nous-mêmes, ce matin, nous les avons pris et amenés.

PAO-TCHING.

Officier, qu'on prenne le greffier Tchao, et qu'on le fustige vigoureusement avec les verges les plus grosses.

L'OFFICIER.

Vous êtes obéi. (*Il frappe Tchao.*)

HAÏ-TANG.

(*Elle chante.*)
" Vous espériez vivre pour toujours avec madame Ma ;
" vous espériez que je ne reviendrais jamais du lieu où
" vous m'aviez envoyée ! Dans quelle intention me pour-
" suiviez-vous tous deux jusque sur la route ? Nous voici
" en présence l'un de l'autre ; répondez."
(*Tchao fait semblant d'être mort.*)

PAO-TCHING.

Le drôle ose faire le mort ! Officier, relevez-le, et jetez-lui de l'eau à la figure.
(*L'officier lui jette de l'eau et l'éveille.*)

PAO-TCHING.

Allons, dépêchez-vous d'avouer.

TCHAO.

Il y avait déjà long-temps que votre serviteur avait des relations avec cette femme. Suivant les lois, je ne suis coupable que d'adultère ; mon crime n'est point de ceux qu'on punit de mort. Quant à l'empoisonnement de Ma-kiun-king, j'ai acheté, il est vrai, le poison, mais ce n'est point moi qui ai suggéré l'idée de ce crime. C'est cette femme qui a pris le poison, l'a jeté elle-même dans une tasse de bouillon, et a fait périr son mari. Je suis également étranger à l'enlèvement du jeune enfant. Je dis en effet à cette femme, puisque vous n'êtes point sa mère, laissez-le. Mais elle me répondit que, si elle pouvait s'emparer de l'enfant, elle deviendrait maîtresse de toute la fortune du seigneur Ma. Je suis un pauvre employé, et je n'aurais pu trouver de l'argent pour acheter le témoignage de ces voisins et de ces vieilles femmes. Elle seule les a subornés. C'est encore elle qui soudoya les gendarmes, afin qu'ils se défissent, en chemin, de Tchang-haï-tang. Oui, c'est elle ; oui, c'est elle !

MADAME MA.

Lâche que tu es ! dépêche-toi d'avouer. Que veux-tu que je dise ? C'est moi, c'est moi qui ai tout fait. D'ailleurs est-ce un si grand malheur que de mourir ? Quand nous aurons perdu la vie, ne serons-nous pas heureux d'être réunis pour toujours dans l'autre monde, comme deux fidèles époux !

PAO-TCHING.

Vous tous qui êtes ici présents, écoutez ma sentence suprême.

Sou-chun, le gouverneur de Tching-tcheou, pour avoir transgressé les lois, sera dépouillé de son bonnet et de sa ceinture, et dégradé. Il rentrera dans la classe du peuple, et, jusqu'à la fin de ses jours, il ne pourra obtenir aucun emploi.

Les deux voisins et les deux vieilles femmes ne devaient pas se laisser suborner à prix d'argent, pour rendre un faux témoignage. Chacun d'eux recevra quatre-vingts coups de bâton, et sera exilé à une distance de trois cents lis.

Tong-tchao et Sie-pa, en qualité d'employés, ne devaient point accepter de présents ; aussi seront-ils punis plus sévèrement. Ils recevront chacun cent coups de bâton, et seront exilés, aux frontières, dans un pays aride et inhabité.

La femme adultère et son infâme complice, pour avoir tué Ma-kiun-king par le poison, pour avoir ravi le jeune enfant, et avoir voulu s'emparer frauduleusement de tout l'héritage, seront traînés sur la place publique où ils subiront une mort lente et ignominieuse. Chacun d'eux sera coupé en cent-vingt morceaux. Tout ce qu'ils possèdent sera adjugé à Tchang-haï-tang, et son fils Cheou-lang lui sera rendu, afin qu'elle continue de l'élever avec sa tendresse accoutumée. Quant à Tchang-lin il pourra quitter son emploi et aller demeurer avec sa sœur.

(*Il récite des vers.*)

" Parce que le greffier Tchao voulait entretenir une
" passion criminelle, Tchang-haï-tang fut calomniée de la
" manière la plus odieuse et accusée injustement. Mais,
" à l'aide de ce cercle de craie, j'ai fait briller la vérité
" dans tout son jour. Ceux qui s'étaient laissé suborner
" à prix d'argent seront envoyés en exil. Les deux prin-
" cipaux coupables seront décapités sur la place publique.
" Tchang-lin lui-même prendra le glaive et exécutera
" leur sentence. C'est alors que le fils et la mère se verront
" réunis pour toujours."

(*Tchang-lin et Tchang-haï-tang se prosternent jusqu'à
terre.*)

HAÏ-TANG.

(*Elle chante.*)

" Voisins ! ne disiez-vous pas que vous exposiez de-
" vant le juge tous les sentiments de votre cœur, et que
" vos paroles étaient l'expression de la vérité ?

" Vieilles femmes ! ne disiez-vous pas qu'après de
" longues années, il vous était impossible de recueillir vos
" souvenirs ?

" Greffier ! ne disiez-vous pas que ce magistrat était
" pur et intègre, et qu'il observait fidèlement les lois ?

" Dame Ma ! ne disiez-vous pas que vous occupiez le
" premier rang par la prudence et la sagesse ?

" Mais à la fin le juge suprême de K'aï-fong-fou a
" démêlé tous les fils de cette trame odieuse. Ces gens-là
" sont exilés aux frontières dans un pays aride et inhabité,
" et ces deux grands coupables recevront leur châtiment
" sur la place publique.

" Seigneur, cette *Histoire du Cercle de Craie* est digne
" d'être répandue jusqu'au quatre mers et d'arriver à la
" connaissance de tout l'empire."

F I N.

NOTES

LE TEXTE CHINOIS.

NOTES.*

PROLOGUE.

(P. 1, l. 1.—F. 1, r. l. 1.)†

¹ HOEÏ-LAN-KI. Tel est le titre courant de la pièce. Le voici en entier (text. fol. 49, r.): *Pao-taï-tchi-tchi k'an-hoeï-lan-ki* (8,223, 9,756, 576, 487, 4,985, 4,523, 6,895, 5,189) :‡ " Histoire du cercle de craie, que Pao, le Taï-tchi (gouverneur) employa, par un adroit stratagème, pour arriver à la découverte de la vérité." Les mots *hoeï-lan*, devant lesquels on sous-entend *chi* (6,824—text. fol. 44, r. l. 9), signifient littéralement : cercle tracé avec un morceau de chaux (*chi-hoeï*). Dans la traduction française, nous avons pris la liberté de substituer le mot *craie* au mot *chaux*.

* Ces notes ont été rédigées après l'impression du texte. Cette circonstance a permis au traducteur de rectifier plusieurs inexactitudes qui lui étaient échappées. Le signe †, placé avant le numéro de la note, servira à reconnaître au premier coup d'œil les endroits corrigés.

† Les chiffres qui suivent la lettre P. indiquent la page et la ligne de la traduction française. Ceux qui suivent la lettre F. indiquent le *folio recto* ou *verso* et la ligne du texte chinois.

‡ Les chiffres, placés entre parenthèse, répondent à ceux du dictionnaire tonique de Morrison, et sont destinés à faire retrouver les caractères chinois cités dans les notes. — *Vulgo* signifie vulgairement.

II

(Texte, f. 1, r. l. 5.)

« Presque tous les personnages des pièces chinoises sont désignés, à leur entrée en scène, par des dénominations qui indiquent le rôle qu'ils remplissent. On peut voir, dans Morrison, Dict. chin. 2ᵉ partie, Nº 3,321, et 3ᵉ partie, au mot *Drama*, la plupart de ces dénominations, employées dans les cent pièces des Youen. Je dis la plupart, parce qu'on en trouve, dans la même collection, un bon nombre que ne donne pas Morrison. Ainsi, l'on chercherait en vain, dans les deux articles que nous venons de citer, les mots *po-eul* et *tch'a-tan* (mot à mot : actrice fardée), etc. qui désignent ici madame Tchang et madame Ma. On doit d'autant plus le regretter, que la traduction littérale de ces mots n'en donne presque jamais le sens. Par exemple, *po-eul* se compose des mots *po*, deviner par le moyen de l'écaille de tortue, et de *eul*, enfant. L'expression *peï-lao* (mot à mot, plantes qui poussent abondamment-vieillard) désigne un père âgé (pièce 19 intitulée *Sie-jin-kouei*, fol. 1, r.); *pang-lao* (mot à mot, royaume-vieillard) désigne un brigand (pièce 100, intitulée *P'eng-iu-lan*, fol. 7, r.). Je tâcherai d'expliquer tous ces mots à mesure qu'ils se rencontreront dans les pièces de théâtre que je me propose de publier.

Lao-tan signifie une vieille femme (Mᵐᵉ· Tchang); *Tching-tan* signifie principal personnage féminin (c'est Tchang-haï-t'ang); *tchong-mo* signifie second personnage principal (Tchang-lin), etc. Cet usage de désigner les personnages par des dénominations qui indiquent leur rôle, existe aussi chez nous, dans la langue des théâtres. Ainsi, pour ne citer que des rôles d'hommes, on distingue dans la comédie, *les premiers rôles :* Misanthrope, Don Juan, le Menteur. *Les jeunes premiers :* Valère dans Tartuffe, Eraste du Dépit amoureux. *Les deuxièmes et troisièmes amoureux :* Damis dans Tartuffe, Valère du Dépit. *Les pères nobles :* le père de Don Juan; le père du Menteur. *Les financiers, les manteaux :* L'Avare, Le Malade imaginaire. *Les premiers comiques, grandes livrées :* Mascarille de L'Etourdi, Scapin. *Les seconds comiques :* Mascarille du Dépit; Ergaste de L'Ecole des Maris. *Les troisièmes rôles, raisonneurs :* Béralde du Malade, Ariste de L'Ecole des Femmes, Cléante du Tartuffe. *Les utilités :* les vieux pères, les notaires, &c. Il y a cependant une différence chez nous, dans la manière d'employer ces dénominations, c'est qu'on ne les écrit pas dans le texte de la pièce, comme le font les auteurs chinois, chaque fois qu'un acteur entre en scène.

(P. 1, l. 12.—F. 1, r. l. 7.)

†³ *Je lui ai fait apprendre.* Lisez: je lui ai enseigné à lire et à écrire.

———

(Ibid. l. 15.—Ibid. l. 8.)

⁴ *Elle connaît l'écriture.* Mot à mot: Elle a étudié l'instrument appelé *kin*, les échecs, l'écriture, le dessin, jouer d'un instrument à vent, jouer d'un instrument à cordes, chanter, danser.

———

(Ibid. l. 19.—Ibid. l. 9.)

⁵ *Mes ancêtres ont occupé.* Littér.: C'étaient des hommes d'examens littéraires. Voy. *Lo-li-lang*, pièce 90, fol. 2, r. l. 2.

———

(P. 2, l. 4.—fol. 1, v. l. 1.)

⁶ *N'ayant plus de mari.* Mot à mot: n'ayant pas d'homme.

———

(Ibid. l. 5.—Ibid. v. l. 2.)

⁷ *Faire trafic de sa beauté.* Littér. Etaler sa beauté (*maï-siao*). Au lieu de *siao* (8,878), charmes, beauté, on trouve aussi *siao* (8,896), sourire, dans le même sens. Voy. text. fol. 24, r. l. 3.

———

(Ibid. l. 7.—Ibid. l. 2.)

⁸ *Le seigneur Ma.* En chinois: *Ma-youen-waï.* Suivant la définition d'un personnage de la pièce (text. fol. 22, v. l. 5), le titre de *youen-waï*, qui désigne ordinairement un officier de cinquième classe, était donné, dans la ville de Tching-tcheou, à tout homme jouissant d'une fortune considérable. Voy. pag. 4, l. 23.

———

(Ibid. l. 11.—Ibid. l. 5.)

⁹ *Je ne puis me passer de.* Littér.: Comment puis-je retrancher et laisser?

———

(Ibid. l. 14.—Ibid. l. 6.)

¹⁰ *Raisonnons avec elle.* Litt.: Qu'est-ce qui m'empêche de raisonner et de délibérer tout du long?

———

(Ibid. l. 19.—Ibid. l. 7.)

¹⁰ᵃ *Mon père et mes aïeux.* Litt.: Mes aïeux jusqu'ici sont tous

II 2

entrés dans les charges par les examens littéraires; il y a déjà sept
générations de passées.

(P. 2, l. 22.—F. 1, v. l. 8.)

[11] *Un infâme trafic.* Mot à mot : Ce commerce criminel qui déshonore et perd la porte.

(Ibid. l. 23.—Ibid. l. 9.)

[12] *Quelle figure pourrai je faire.* Litt. : Dites-moi comment je
pourrai entrer et sortir devant les hommes.

(P. 3, l. 8.—F. 2, r. l. 4.)

[12a] *C'est à moi de le craindre.* Litt. : Il faut craindre que les hommes
ne se rient de moi. Est-ce que je ne pourrai pas te frapper, femme
débauchée et méprisable?

(Ibid. l. 15.—Ibid. l. 6.)

[13] *Je suis las des désordres.* Litt. : Je ne veux pas que les désordres
(*fan-loen*) domestiques m'attirent injustement des affronts et des
railleries de la part des hommes.

(Ibid. l. 18.—Ibid. l. 7.)

[14] *Je pars pour la ville.* Litt. : Aujourd'hui, après avoir dit adieu
à ma mère, je m'en vais à Pien-king chercher mon oncle maternel.

(Ibid. l. 21.—Ibid. l. 8.)

[15] *Grand et fort comme je suis.* Litt. : Moi, dont le corps est haut
de sept *tch'i.*

(Ibid. l. 25.—F. 2, v. l. 1.)

[16] *S'il lui arrive quelque malheur* (*il se môta*). Litt. : Si elle vient
à mourir, je ne puis pas dire que je te pardonnerai facilement. Le
sens que nous donnons ici aux mots *ycou-sie-hao-taï* (mot à mot :
avoir-quelque-bien-mal) est emprunté à Prémare. Ce passage pré-
sentait quelque difficulté, parce que les mots *hao-taï* (bien et mal),
signifient ordinairement *bon gré, malgré.*

(P. 4, l. 2.—F. 2, v. l. 2.)

[17] *La maison*, Ajoutez : pour chercher ailleurs quelque moyen d'existence. Il y a dans le texte passer le froid et le chaud, pour dire, vivre.

(Ibid. l. 9.—Ibid. l. 4.)

[18] *Combien de temps.* Litt. : Combien de temps dureront de semblables scènes, ou querelles ?—Au lieu de *il vaux mieux*, lisez : il vaut mieux.

(P. 5, l. 2.—F. 3, r. l. 1.)

[19] *Une charmante beauté.* Litt. : Une fille de joie. C'est là le sens de l'expression *chang-t'ing-háng-cheou* (*vulgo* : haute-salle-rangée-tête—9,100, 10,242, 3,221, 9,358), que je n'ai trouvée dans aucun dictionnaire. Voy. *Ho lang-tan*, pièce 94, fol. r. l. 6. Quelquefois on se contente de dire *hang-cheou*. La pièce 76 de la collection est intitulée : *Lieou-hang-cheou*, Lieou, la fille de joie. Voy. not. 30.— Toutes les fois que je dis " tel mot ne se trouve pas dans les dictionnaires," je veux parler des dictionnaires tout chinois, intitulés *Khanghi*, *P'in-tsee-t'sien*, et *Tching-tsee-tong*, et des dictionnaires de Basile et de Morrison, que j'ai à ma disposition. Ce sont à peu près les seuls que l'on possède en Europe.

(Ibid. l. 20.—Ibid. l. 9.)

[20] *Toujours brillante*, etc. Litt. : C'est une tête brillante.

(Ibid. l. 25.—F. 3, v. l. 1.)

[21] *Seigneur, puisque vous voici.* Mot à mot : Seigneur, (puisque) vous êtes arrivé, parlons trois ou quatre fois à ma mère. Rien n'est tel que de profiter (du moment où) mon frère n'est pas à la maison.

(Ibid l. 29.—Ibid. l. 2.)

[22] *Il suffira d'échanger.* Litt : Après avoir consenti à ce mariage et avoir usé un demi-morceau de langue.

(P. 6, l. 18.—Ibid. l. 9.)

[23] *Je ne vous laisserai manquer de rien.* Litt. : Je ne souffrirai point que vous vous affligiez de manquer d'argent pour vos dépenses.

(P. 6, l. 19.—F. 3, v. l. 9.)

[24] *Un jour heureux.* L'almanach chinois indique les *jours heureux* où l'on peut offrir les présents de noces et contracter mariage.

(Ibid. l. 22.—F. 4, r. l. 1.)

[25] *Je ne garde point ma fille.* Litt. : Droite et gauche, c'est-à-dire, Vous qui m'entourez, pour que la présence de ma fille dans ma maison ne m'attire pas plus long-temps de semblables scènes, j'attends qu'elle soit mariée.

(P. 7, l. 1.—Ibid. l. 5.)

[26] *Quand j'aurai.* Litt. : Je veux en parler clairement avec le Youen-waï.

(Ibid. l. 5.—Ibid. l. 6.)

[27] *Ma femme légitime.* Litt. : Non-seulement Ma-kiun-k'ing n'est pas de cette espèce de gens, mais même ma femme légitime n'est pas de cette espèce de gens.

(Ibid. l. 9.—Ibid. l. 8.)

[28] *Nonobstant son rang secondaire.* Litt. : Je ne mettrai aucune différence entre la grande et la petite, c'est-à-dire, entre la première et la seconde femme.

(Ibid. l. 12.—Ibid. l. 9.)

[29] *Elle sera seule chargée.* Les expressions composées *kia-youen, kia-ki,* (*vulgo :* maison-cause, maison-calcul : 5,398, 12,559, 5,398, 5,336) que les dictionnaires n'expliquent point, signifient, je crois, les effets mobiliers et les valeurs pécuniaires, qui sont placés sous la direction de madame Ma. J'ai été conduit à ce sens par la comparaison des passages suivants. La même phrase se trouve plus bas, fol. 11, recto, l. 8, et verso, l. 2; mais, au lieu de *kia-youen, kia-ki,* l'auteur met, pour équivalent, *kia-sse* (5,398, 9,678) littéralement : choses ou propriétés particulières qui se trouvent dans la maison. Dans la pièce 94, intitulée *Ho-lang-tan,* fol. 9, v., Li-yen-ho dit : " Le feu a consumé ma maison et toutes ses dépendances ; mon or,

mon argent, et mon papier monnaie." Son fils Li-tch'un-lang, exprimant plus bas la même pensée, emploie les mots *kia-youen, kia-ki,* au lieu des mots *or, argent, papier monnaie* (fol. 28, r. l. 2). Voy. aussi la pièce 8, intitulée *Ho-han-chan,* fol. 21, v., l. 9, et fol. 22, r. l. 1, etc. Dans ce dernier passage, Tchang-i, qui est également ruiné par un incendie, se sert de ces mêmes expressions, pour dire *tout son avoir, tous ses effets,* qui ont été consumés par le feu.

(P. 7, l. 20.—F. 4, v. l. 4.)

[30] *Tu ne reprendras plus.* Litt. en latin : *Noli iterum agere meretricem* (tang-hang-cheou, 9,857, 3,232, 9,358). L'expression *hang-cheou* (*vulgo :* rangée-tête), fille de joie, ne se trouve dans aucun dictionnaire. Voyez plus haut, not. 19.

(Ibid. l. 22.—Ibid. l. 5.)

[31] *Dirige et surveille.* Litt. : Dirige les cent affaires. J'ai fait entrer dans la traduction une partie de la pensée exprimée plus haut par le seigneur Ma. Voy. la not. 29.

(Ibid. l. 26.—Ibid. l. 7.)

[32] *Ma vieille mère.* Litt. : Ma mère âgée ayant appuyé sur moi sa tête blanche et son visage vieilli.

(P. 8, l. 6.—F. 5, r. l. 1.)

[33] *Je donne aujourd'hui.* Litt. : Aujourd'hui, ayant trouvé une situation prospère que je cherchais, je donne mon consentement, je me décide.

(Ibid l. 10.—Ibid. l. 1.)

[34] *Je vais envoyer mes sœurs que voici.* Comme Haï-t'ang n'a point de sœurs, on ne sait d'abord à quoi se rapporte *tse-meï.* Cette expression doit s'entendre des amies, des compagnes de Haï-t'ang. Dans la pièce 3, intitulée *Tch'in-tcheou-t'iao-mi,* f. 34, r. l. 2, une fille de joie dit: " plusieurs de mes sœurs (*tse-meï*), c'est-à-dire, de mes compagnes de plaisir, m'ont invitée à venir boire avec elles."

(P. 8, l. 24.—F. 5, r. l. 6.)

†·⁵⁵ *Mes belles-sœurs.* Lisez : Ma tante et mes sœurs. Les mots *kou-lse-meï* (6,471, 11,296, 7,624) se trouvent de suite, dans le Li-ki (liv. 3, fol. 28, édit. impériale) avec le sens que nous leur donnons ici.

PREMIER ACTE.

(P. 9, l. 7.—F. 5, v. l. 1.)

⁵⁶ *La couleur vermeille de mes lèvres.* J'ai cru devoir développer la pensée de l'auteur, qui, traduite littéralement, eût été inintelligible. En voici le mot à mot : ces miennes lèvres et joues, vraiment je les dois, c'est-à-dire, je les ai empruntées. Tous les hommes, etc.

(Ibid. l. 10.—Ibid. l. 2.)

³⁷ *Cette profusion de rouge.* Mot à mot : On pourrait enlever (cette) boutique de vermillon et de farine ou poudre fleurie. Quoique j'aie mis *céruse,* je crois que l'expression "poudre fleurie," qui n'indique, il est vrai, aucune couleur déterminée, désigne le fard pour peindre les joues. Voy. le Diction. de K'ang-hi, au mot *fen* (2,656).

(Ibid. l. 12.—Ibid. l. 3.)

³⁸ *Ce seigneur Ma.* Mot à mot : Mon Youen-waï a épousé une femme qui s'appelle (je ne sais) quelle Tchang-haï-t'ang.

(Ibid. l. 15.—Ibid. l. 4.)

³⁹ *Elle lui a donné un fils.* Mot à mot : Devant les talons, elle a ajouté un petit garçon.

(Ibid. l. 18.—Ibid. l. 5.)

⁴⁰ *Qui aime le beau sexe avec passion.* J'ai cru devoir passer ici une phrase de onze mots, où madame Ma dépeint avec un cynisme révoltante certaines qualités physiques qui lui font aimer le greffier Tchao.

(P. 9, l. 26.—F. 5, v. l. 9.)

⁴¹ *D'un moment à l'autre.* Mot à mot : Ce matin *ou ce* soir.

———

(P. 10, l. 6.—F. 6, r. l. 1.)

⁴² *J'aime le vin.* Mot à mot : Je désire uniquement de m'enivrer ; je veux en outre dormir avec les femmes des autres.

———

(Ibid. l. 8.—Ibid. l. 2.)

⁴³ *Une dame dont les joues.* Litt.: (Personne), si ce n'est (une dame dont) la paire de joues est fleurie. Mot à mot : Si ce n'est (*tch'ou*), le dessus des joues (*lien-chang*), fleuri fleuri (*hoa-hoa*), fait une paire (*tso-i-toui*).

———

(Ibid. l. 10.—Ibid. l. 4.)

⁴⁴ *Ici près demeure.* Avant cette phrase, j'ai passé vingt-neuf mots, dont voici le sens littéral : Les hommes de (ce) tcheou, voyant que j'avais du talent pour les affaires, m'ont donné deux titres honorifiques. L'un s'appelle : *T'chao-pi-hiaï,* l'autre s'appelle *T'chao-ho-ta.* L'expression *piao-te* (8,354, 10,202), qui signifie littéralement " mettre la vertu en lumière," se prend ici substantivement pour un titre qualificatif destiné à faire ressortir les qualités ou les vertus de quelqu'un. Dans une autre pièce de théâtre de la collection des Youen, un personnage dit : mon *sing* (nom de famille) est tel, mon *ming* (petit nom) est tel, mon *piao-te* (titre qualificatif) est *tchong-jin,* c'est-à-dire, probe et humain. Aucun dictionnaire ne donne ce sens au mot *piao-te.*

———

(Ibid. l. 13.—Ibid. l. 6.)

⁴⁵ *Je vis par hasard.* Litt.: Je vis par hasard ces lèvres (et ces) joues de sa femme légitime. A peine si le ciel (en) a fait naître une paire, (si) la terre (en) a produit une couple. Toutes les (personnes) qui sont ainsi fleuries, c'est-à-dire, qui ont le teint fleuri, ont beaucoup de charmes. Elle me blessa (au cœur, de telle sorte que), en dormant, en rêvant, je ne pense qu'à elle.

———

(Ibid. l. 21.—Ibid. l. 9.)

⁴⁶ *Certaines relations.* Litt.: Un mauvais commerce.

(P. 11, l. 10.—F. 6, v. l. 5.)

47 *Qu'ai-je besoin que vous me signaliez?* Litt.: "Comment seriez-vous mon indicateur qui fait connaître (ce qu'il faut faire)? Il faut seulement que vous soyez ma dame, ma femme. Est-ce que vous auriez ces sentiments, et que moi, au contraire, je n'aurais pas cette pensée?" Le commencement de ce passage me laisse quelques doutes.

_____

(Ibid. l. 14.—Ibid. l. 8.)

48 *Eh! bien, en voici, du poison.* Mot à mot. "Eh! bien, ce n'est pas du poison." Quoiqu'il n'y ait aucune particule interrogative, il faut traduire: n'est-ce pas là du poison? Voy. Prémare, p. 87, l. 22.

_____

(Ibid. l. 23.—F. 7, r. l. 1.)

49 *Pour frapper le coup.* Mot à mot: Alors il sera bon d'abaisser la main, c'est-à-dire, de faire mon coup de main.

_____

(P. 12, l. 3.—Ibid. l. 4.)

50 *Je m'appelle.* Mot à mot: La seconde femme (que voici) est Tchang-haï-t'ang.

_____

(Ibid. l. 6.—Ibid. l. 6.)

51 *L'enfant que j'ai eu.* Mot à mot: Le jeune enfant que j'ai mis au monde devant les talons.

_____

(Ibid. l. 8.—Ibid. l. 8.)

52 *Il reste auprès de moi.* Mot à mot: Tantôt, étant sur cette natte, tantôt étant devant les talons de madame, il s'élève.

_____

(Ibid. l. 9.—Ibid. l. 7.)

†53 *Qui prend soin.* Lisez: qui prend également soin de l'élever.

_____

(Ibid. l. 17.—. F. 7, v. l. 2.)

54 *Rien n'a manqué à ton bonheur.* Mot à mot: Le bout de ton oreille a été bien pur et bien net. Dans un passage semblable de

Lao-seng-eul, M. Davis traduit : Votre oreille n'a pas été troublée par des cris confus. Mais dans le texte, il y a *tsing*, " tranquille" (10,999), au lieu de *tsing*, pur, net (10,998). Cette expression veut dire ici que Haï-t'ang mène une vie calme et tranquille.

(P. 12, l. 19.—F. 7, v. l. 3.)

†⁵⁵ *De ma fenêtre.* Mot à mot : La lune à la porte, les nuages à la fenêtre, des courtines brodées, des rideaux de soie. Je crois que le mot *weï-tchang* (260, lign. 6), que l'auteur a dédoublé signifie : rideaux de lit. Quelques poëtes s'en servent dans le sens de *lecti stragula*.

(Ibid. l. 23.—Ibid. l. 4.)

⁵⁶ *Cette rue qui est le séjour du vice.* L'expression *ming-k'o-hiang*, que les dictionnaires ne donnent pas, signifie, je crois, la rue où demeurent les filles de joie. *K'o* désigne des ornements en jade qui parent les chevaux de la cour. Quand le cheval marche, ces ornements retentissent ; on les appelle alors *ming-k'o*. (Anthologie des Thang, liv. vii. fol. 21, v.) Ainsi les mots *ming-k'o-hiang* (7,733, 6,431, 3,525) paraissent signifier littéralement : la rue où l'on entend retentir (*ming*) les ornements appelés *k'o*.

(Ibid. l. 24.—Ibid. l. 5.)

⁵⁷ *C'en est fait : plus d'orgies.* Mot-à-mot : J'ai enfin cessé de verser le vin (de boire) à petits coups, et de chanter à voix basse.

(Ibid. l. 25.—Ibid. l. 5.)

⁵⁸ *J'ai rompu pour toujours.* Mot à mot : J'ai quitté plusieurs bandes d'oiseaux *ing* et *yen* (12,335, 12,082). L'oiseau mâle *ing* et l'oiseau femelle *yen*, se prennent au figuré pour amant et maîtresse.

(Ibid. l. 26.—Ibid. l. 5.)

⁵⁹ *Je leur abandonne sans regrets.* Mot à mot : (Je les laisse) s'emparer du théâtre où l'on fait l'amour (*lupanar*).

(Ibid. l. 27.—Ibid. l. 6.)

⁶⁰ *Qu'ils me poursuivent.* Mot à mot : Ce n'est pas moi (qui)

inviterai (celui qui est) élevé et recevrai (celui qui est) noble. Je les laisse tous parler court et raisonner long. Voy. Prémare, p. 124, l. 28.

(P. 13, l. 1.—F. 7, r. l. 6.)

[61] *Faire trafic de ma beauté.* Mot à mot : Étaler le sourire et courir après le plaisir. Voy. not. 7.

(Ibid. l. 2.—Ibid. l. 7.)

[62] *Dans le séjour de la joie.* Mot à mot : Dans l'hôtel du vent et de la lune (*lupanar* : 2,758, 12,490, 6,656). En chinois, l'expression *fong-youeï* (vent et lune) signifie galanterie. *Tchang-ngo* (la lune personnifiée) est la déese de l'amour. Voy. l'Anthologie des Thang, liv. iv. fol. 17, et le "Hoa-ts'ieu," *passim.* L'expression *fong-youeï-kouan* ne se trouve point dans les dictionnaires.

Ibid. l. 5.—Ibid. l. 6.)

[63] *Me fasse arracher du palais de l'amour.* Mot à mot : Du district vert et rouge (*lupanar* : 11,197, 4,168, 3,501). L'expression *tsouï-hong-hiang* manque dans les dictionnaires. Effacez *ne.*

(Ibid. l. 6.—Ibid. l. 7.)

† [64] *D'une entremetteuse.* Lisez : On ne me verra plus désormais dans les maisons de plaisir. En latin : *nolo iterum lupanar ferre, sustinere.* Dans le *Kou-kin-k'i-kouan* (Recueil de nouvelles, ch. v. fol. 5), l'expression *men-hou-jin*, mot à mot "les personnes de la porte" signifie des femmes qui tiennent un mauvais lieu. Cette interprétation, que nous n'osons garantir, exige une transposition de régime qui est fréquente en poésie. La note 89 en offre plusieurs exemples en prose.

(Ibid, l. 7.—Ibid. l. 8.)

[65] *Je ne souffrirai plus.* Mot à mot : Je ne laisserai plus les hôtes et les amis sortir et entrer.

(Ibid. l. 14.—Ibid. l. 9.)

[66] *Chaque jour.* En chinois *meï-ji-kia* (7,641, 4,662, 5,404). Ici

kia, qui signifie ordinairement *prix*, *valeur*, est une espèce de para-
goge, qui n'ajoute rien au sens de *meï-ji*. On trouve quelquefois *kia*
(5,398), *maison*, au lieu de *kia*, *prix*. Exemple tiré de la pièce 13,
intitulée *Tong-t'ang-lao*, tom. vii. fol. 29, r. l. 8 : chaque jour (*meï-ji-
kia*, 5,398), je dormais sur la terre brûlante d'une manufacture de
poterie. Voy. aussi la pièce 91, intitulée *K'an-ts'ien-nou*, fol. 4,
r. l. 1.

(Texte, F. 8, l. 1.)

67 *Tchi-tchoui-tao.* Litt. : Je dors, etc. J'ai rejeté cette phrase à
la fin.

(Ibid. l. 15.—Ibid. l. 1.)

68 *Et quand les derniers rayons.* L'expression *san-kan-ji* (8,788,
4,950, 4,662) signifie : le soleil qui est sur son couchant.

(Ibid. l. 18.—Ibid. l. 2.)

69 *Cette dame jalouse.* Mot à mot : Qui sait mettre des obstacles.

(Ibid. l. 28.—Ibid. l. 5.)

70 *J'ai acquis à mes dépens.* Mot-à-mot : Dans mon ventre j'ai
appris à fond les choses du siècle. Dans le destin, (ce n'est) pas
comme les hommes de l'Empire. Voy. *Lo-li-lang*, pièce 90, fol. 1,
r. l. 6.

(P. 15, l. 2.—F. 8, v. l. 9.)

71 *Un tombeau à notre mère.* Litt. : Un tombeau à sept étages. La
même expression est répétée dans la ligne suivante.

(Ibid. l. 20.—F. 9, r. l. 6.)

† 71a *Après avoir perdu.* Lisez : Après la mort de notre père, tu
abandonnas celle qui t'avait donné le jour.

(P. 16, l. 10.—F. 9, v. l. 2.)

71b *Ce n'est point moi.* Litt. : Ce n'est point moi qui ai fait ces joues
froides qui sont d'un accès difficile.

(P. 17, l. 8.—F. 10, r. l. 2.)

⁷² *Je ne disputerai pas.* Mot à mot : Je n'examinerai pas le beaucoup ou le peu Donne-moi quelques provisions, etc.

(P. 18, l. 4.—Ibid. l. 7.)

⁷³ *Ne disais-tu pas.* Voy. p. 3, l. 20.

(Ibid. l. 11.—F. 10, v. l. 1.)

⁷⁴ *Ces ornements de tête.* Il y a en chinois *t'cou-mien* (10,366, 7,612, *vulgo :* tête-visage). Si l'auteur ne nous apprenait (texte, fol. 34, v. l. 7) qu'il s'agit ici *d'aiguilles de tête en or,* il serait impossible de le deviner. Dans la pièce 8 du même recueil, intitulée *Ho-han-chan,* une mère dit à son fils (fol. 25, r. l. 5) : " Puisque tu veux aller à la capitale pour subir tes examens, je vais te donner quelque argent, et deux aiguilles de tête en or, afin que tu puisses acheter des provisions et subvenir à tes besoins." La circonstance paraît exactement la même, mais l'auteur a employé l'expression propre pour dire *aiguilles de tête.* Ce sens de *t'cou-mien* ne se trouve dans aucun dictionnaire.

(Ibid. l. 23.—Ibid. l. 5.)

⁷⁵ *Tu m'as accablé d'injures et de mauvais traitements.* L'expression que je traduis ainsi est *hoa-pe-l'iao-ngo* (4,199, 8,526, 7,041, 3,002), qui se compose des mots *fleur* et *liane,* suivis de *liao,* marque du prétérit, et de *ngo,* moi ; ce qui indique qu'il faut prendre *hoa-pe* pour un verbe actif. Je n'ai trouvé dans aucun dictionnaire ce sens de *hoa-pe-liao.*

(P. 19, l. 10.—Ibid. l. 8.)

⁷⁶ *Du bureau de monsieur Ma.* Il y a en Chinois *kiaï-tien-kou* (5,483, 10,119, 6,507 ; *vulgo,* engager-dégager-magazin). Cette expression, que je n'ai trouvée dans aucun dictionnaire, signifie, je crois : le bureau ou le cabinet d'un homme riche qui prête sur gage. Ce sens est confirmé par plusieurs passages de la pièce 91, intitulée *K'an-t'sien-nou,* fol. 30, v., et 31, r. On trouve aussi *kiaï-tien-p'ou* (*p'ou,* boutique : 8,683). Dans la pièce 8, intitulée *Ho-han-chan,* fol. 1, r. l. 7, Tchang-i dit : " J'ai ouvert *une boutique de prêt sur gage,* à l'enseigne du lion d'or." Quelquefois on se contente d'écrire

kiaï-kou, (*vulgo*: délier, dégager-magazin), expression qui peut indiquer à-la-fois, ainsi que *kiaï-tien-kou*, le lieu et la profession désignés ci-dessus. Voy. la pièce 94, intitulée *Ho-lang-tan*, fol. 31, v. l. 2, et la pièce 3, intitulée *Tch'in-tcheou-t'iao-mi*, fol. 34, v. l. 6.

(P. 20, l. 2.—F. 11, r. l. 5.)

⁷⁷ *Vous ne vous formaliserez pas.* Litt.: Les yeux du petit homme (mes yeux) sont hébétés. Ainsi il ne faut pas se formaliser de ce qu'il n'a pas reconnu la grande dame, c'est-à-dire, vous.

(Ibid. l. 3.—Ibid. l. 5.)

⁷⁸ *Vous reconnaître.* Ajoutez: (*il la salue*).

(Ibid. l. 8.—Ibid. l. 6.)

⁷⁹ *Quoiqu'il me soit pénible.* Mot à mot: Même en parlant, j'éprouve du trouble et de la crainte.

(Ibid. l. 15.—F. 11, r. l. 8.)

⁸⁰ *Tous les effets.* Litt.: Tous les effets, toutes les propriétés du dedans et du dehors, c'est la femme légitime qui en a la direction, l'administration.

(Ibid. l. 25.—F. 11, v. l. 3.)

⁸¹ *Je n'ai pas même l'ombre d'un fils.* Mot à mot: Je n'en ai pas même une parcelle.

(P. 22, l. 27.—F. 12, v. l. 5.)

⁸² *Et qu'elle se serait refusée.* Litt.: Seulement elle regardait cela comme si l'on eût enlevé la chair de dessus son corps.

(P. 23, l. 8.—Ibid. l. 8.)

⁸³ *A l'exemple du vieillard.* Litt.: Le petit homme (*ego*) doit récompenser grandement ce bienfait, *en nouant l'herbe*, et en apportant *dans son bec une paire de bracelets.* Voici l'origine de ces deux locutions.—*Nouer l'herbe.* La quinzième année de Siouen-kong,

Houan-kong, roi de Ts'in, attaqua le roi de Tsin, et lui livra bataille dans le pays de Fou-chi. Weï-ko, du royaume de Tsin, défit les troupes de Ts'in, et prit le général Tou-hoeï, qui était un des hommes les plus braves de ce royaume. Dans l'origine, Wou-tsee, père de Weï-ko, avait une concubine. Etant tombé malade, il appela son fils Weï-ko et lui dit : Je désire qu'après ma mort tu maries cette concubine. Son père étant à l'extrémité, lui dit encore : Je désire qu'elle m'accompagne dans la tombe. A ces mots, il expira. Le fils, obéissant aux premières volontés de son père, maria la concubine. Quelque temps après, Weï-ko, faisant la guerre dans le pays de Fou-chi, aperçut un vieillard qui *nouait l'herbe* d'un bout du chemin à l'autre pour arrêter *Tou-hoeï* qui le poursuivait. Tou hoeï s'embarrassa les pieds et tomba. Weï-ko n'eut pas de peine à le faire prisonnier. La nuit suivante, il vit en songe un vieillard qui lui dit : Je suis le père de la femme que vous avez mariée. J'ai voulu vous récompenser pour avoir fidèlement suivi les dernières volontés de votre père.—*Rapporter des bracelets.* Yang-pao, qui vivait sous les Han, était d'un naturel tendre et compatissant. A l'âge de neuf ans, lorsqu'il se promenait sur le mont Hoa-chan, il vit tomber à ses pieds un petit oiseau jaune, qu'un oiseau de proie avait blessé cruellement. Il était déjà assiégé par une multitude de fourmis qui se préparaient à le dévorer. Yang-pao le prit, lui fit un nid de son bonnet et le rapporta dans sa maison, où il le nourrit pendant cent jours avec les soins les plus assidus. Au bout de ce tems, l'oiseau se trouva parfaitement rétabli. Il sortait le matin et revenait le soir. Un jour, il se changea en un jeune homme, vêtu de jaune, qui donna à Yang-pao quatre bracelets en jade blanc. (*Notes trad. du chinois.*)

(P. 24, l. 3.—F. 13, r. l. 4.)

[84] *A qui je suis tout-à-fait étranger.* (*Vulgo:* moi-avec-elle-être-chaque-blanc-siècle-homme.) Je n'ai trouvé dans aucun dictionnaire le sens que je crois devoir donner ici aux mots *ko-pe-chi-jin* (chaque-blanc-siècle-homme : 6,447, 8,526, 9,152, 4,693). Il m'a semblé résulter de la comparaison de cette phrase avec le passage suivant, tiré de la pièce 25, intitulée *He-tong-wen-tsee,* fol. 27, recto : " Le gouverneur : Holà, femme, êtes-vous liée avec Lieou-ngan-tchu par les liens de la parenté ?—La femme : Je ne suis point sa parente.— Le gouverneur : Eh ! bien, puisqu'il n'est point votre parent (*vulgo :*

lui-être-chaque-blanc-siècle-homme), puisque vous ne le reconnaissez pas pour votre parent, cela suffit, n'en parlons plus."—*Lieou-ngan-tchou* était son neveu.

(P. 24, l. 9.—F. 13, r. l. 6.)

[85] *Acheter quelques vêtements.* Mot à mot: "Acheter une couverture." Je ne puis garantir ce sens, n'ayant trouvé nulle part le mot double *wo-eul*. C'est le souvenir du mot *pi-wo* (8,305, 11,731) "couverture," qui m'a fait adopter ce sens. *Wo* signifie cacher ; *eul* est une terminaison diminutive.

(Ibid. l. 10.—Ibid. l. 7.)

[86] *L'emploi de sergent.* L'expression *kong-jin*, composée de *kong*, "public," et de *jin* "homme," désigne, je crois, un bas-officier de justice, qui fait la police du tribunal, et administre la bastonnade. Voy. fol. 29, r. l. 4. Je n'ai point trouvé cette expression.

(Ibid. l. 11.—Ibid. l. 7.)

[87] *Ma sœur prends bien garde à toi.* Mot à mot : Choisis constamment une terre heureuse pour marcher, et une terre heureuse pour t'asseoir.

(Ibid. l. 12.—Ibid. l. 8.)

[88] *Que nos deux essieux.* C'est-à-dire : Fais en sorte que nous ne nous rencontrions pas face à face.

(Ibid. l. 24.—F. 13, v. l. 2.)

†[89] *Je les avais reçus.* La lecture de plusieurs passages analogues m'engage à changer cette interprétation et à traduire : "Ah! Madame, vous me rendez la vie. Mais je crains une chose."

La difficulté de ce passage réside dans les mots *seng-cheou* (8,812, 9,353), où le régime précède le verbe au lieu d'être placé après lui. En effet, suivant les règles de la construction chinoise, il faudrait écrire *cheou-seng*, "recevoir la vie," et non pas *seng-cheou*, "la vie-recevoir," et plus littéralement: *vivre-recevoir* (car rien n'indique que le mot *seng* est le régime direct du verbe *cheou*, et doit, par conséquent, être pris substantivement). Je dois cette rectification à la lecture d'un passage du Li-ki, qui offre deux exemples de cette transposition de régime, avec ce même verbe *recevoir*. Liv. 11, fol. 4, verso, édit. impériale. Mot à mot : Pourquoi-dignité-avec-habits-recevoir ; char-chevaux-pas-recevoir. C'est-à-dire : Pourquoi reçoit-il la dignité et les habits, et ne reçoit-il pas le char et les chevaux ?" J'ai trouvé dans le *Li-ki* deux autres transpositions du même genre avec des verbes différents. *Li-ki*, liv. 1, fol. 27, v. l. 5 : *hoan-hio* (4,309, 3,728), au lieu de *hio-hoan*, "étudier la magistrature, les devoirs du magistrat." Ibid. liv. 1, fol. 19, r. l. 6 : *pou-ts'e-feï* (8,701, 11,316, 2,321), au lieu de *pou-feï-ts'e*, "ne pas faire une vaine dépense de paroles."

L'expression *seng-cheou*, "recevoir la vie," se trouve, avec le même sens, dans la pièce 94, intitulée *Ho-lan-tan*, fol. 19, verso, l. 1, où Tchang-san-kou, qui porte à Ho-nan-fou les ossements de son bien-faiteur, s'arrête pour demander le chemin qu'elle doit suivre. "Ce chemin, dit-elle, se divise en trois branches; je ne sais laquelle prendre. Interrogeons quelqu'un. (*Apercevant Li-yen-ho:*) Oserais-je vous demander, mon frère, si c'est-là la route qui conduit à Ho-nan-fou?—*Li-yen-ho:* Justement.—*Tchang-san-kou:* Lequel de ces trois sentiers faut-il prendre?—*Li-yen-ho:* Prenez le sentier du milieu.—*Tchang-san-kou:* Mon frère, vous me rendez la vie (*seng-cheou*)." Voy. aussi *Lo-li-lang*, pièce 90, fol. 22, v. l. 8.

(P. 24, l. 25.—F. 13, v. l. 2.)

⁹⁰ *C'est que le seigneur Ma.* Litt.: C'est que le Youen-waï ne m'interroge, quand il sera revenu.

(P. 25, l. 18,—Ibid. l. 8.)

⁹¹ *La déesse qui préside.* Litt.: La déesse des fils et des petits-fils.

(P. 26, l. 25.—F. 14, r. l. 8.)

⁹² *Qu'elle fît une nouvelle toilette.* Litt. Qu'elle revêtit de nouveau des robes, et qu'elle mît une seconde fois des ornements de tête.

(P. 27, l. 5,—F. 14, v. l. 2.)

⁹³ *Une personne naturellement dépravée.* Mot à mot : " Une per-

sonne du milieu du vent et de la poussière." L'expression composée *fong-teh'in* (vent-poussière: 2,758, 1,011), signifiant "débauche, déréglement de mœurs," ne se trouve dans aucun dictionnaire.

(P. 27, l. 23.—F. 19, r. l. 1.)

[94] *Je ne m'inquiétais point pour moi-même.* Litt.: Je ne conjecturais, je ne suspectais rien autre chose (*bis*). Le vers suivant est également répété deux fois.

(P. 28, l. 13.—Ibid. l. 8.)

[95] *Imiter ainsi la méchanceté du chien.* Mot à mot: "Combien de fois a-t-on vu ces actions de chien et ce cœur de loup?" J'ai passé quatre mots: *kiao-tou-tsiu-tchang* (5,652, 10,317, 10,812, 826). Mot à mot: "ventre de *kiao*, entrailles de *tsiu*." Le mot *tsiu* (10,812) a le même sens que *tsi-tsiu* (Morris. part 1, radical 142, p. 262, col. 2, 8° caractère), et *ou-kong* (11,765), *la scolopendre*, qui, suivant les idées des chinois, aime à dévorer la cervelle des serpents. Voy. le Dictionnaire de K'ang-hi, au mot *tsiu*. Voy. not. 232.

(Ibid. l. 16.—Ibid. l. 8.)

[96] *Osez-vous bien faire peser?* Litt.: Au contraire, vous m'avez fait essuyer ce traitement injuste, cette fausse accusation.

(Ibid. l. 19.—Ibid. l. 9.)

[97] *Osez-vous bien faire retomber?* Litt.: Au contraire, vous m'avez fait tomber injustement dans cette intrigue honteuse.

(Ibid. l. 22.—Ibid. l. 9.)

[98] *Il ne serait pas étonnant,* etc. Le mot *tsang* (10,507) signifie "corrompre, suborner," mais j'ignore le sens qu'il peut avoir étant suivi de *maï* (7,484), "cacher." Les dictionnaires avertissent que *tsang,* "suborner" (10,507) se prend pour *ts'ang,* "cacher" (10,504), qui se trouve dans le mot *maï-ts'ang* (7,484, 10,504), "recéler;" mais aucun dictionnaire ne donne *tsang-maï* (*vulgo:* suborner-cacher) dans le sens de *ts'ang-maï,* "recéler." Voy. not. 122.

(P. 29, l. 7.—F. 15, v. l. 4.)

⁹⁹ *Qui vous glorifiez.* Mot à mot : Vous, cette dame de sept générations.

———

(Ibid. l. 18.—Ibid. l. 7.)

¹⁰⁰ *Si je souffrais sans mot dire.* Mot à mot : Certainement, prendre une accusation déshonorante, et la jeter devant mes talons, c'est, Madame, prendre son vase (*metellam*) plein…et en coiffer la tête d'un autre.

———

(Ibid. l. 23.—F. 16, r. l. 2.)

¹⁰¹ *Madame, Madame.* Litt. : Madame, comment se fait-il que, dans ce moment, mon corps se trouve extrêmement indisposé?

———

(Ibid. l. 26.—Ibid. l. 3.)

¹⁰² *Qui a suscité la colère.* Mot à mot : Qui, par la colère, a fait sortir (naître) la maladie du Youen-waï.

———

(P. 30, l. 6.—Ibid. l. 7.)

¹⁰²ᵃ *Sans cesse.* Voici, je crois, le sens littéral de ce passage difficile : " Je laisse tout à fait son mari écouter ses soupçons et sa colère. Mais, hélas ! la femme que voici est bien malheureuse." Il me semble que les mots *pou-ki-tchang* (8,701, 5,311, 258), ont le même sens que *hao* (3,258) *pou-ki-tchang.* Voy. *k'an-ts'ien-nou,* pièce 91, fol. 38, r. l. 8.

———

(Ibid. l. 12.—Ibid. l. 8.)

¹⁰³ *Eh ! bien, Madame, voici le bouillon.* Mot à mot : " Holà ! Madame, ce n'est pas le bouillon." Il faut entendre la phrase comme si elle était terminée par un signe d'interrogation : " n'est-ce pas le bouillon?" Voy. not. 243. Comparez Prémare, p. 87, l. 22.

———

(P. 31, l. 1.—F. 16, v. l. 3.)

¹⁰⁴ *Madame, voici du sel.* Mot à mot : " Holà ! Madame, ce n'est pas du sel ?" Voy. la note précédente.

(P. 31, l. 20.—F. 16, v. l. 7.)

[105] *Peu à peu.* Mot à mot: " J'ai attendu une demi-heure."
Cette locution signifie : quelques instants.

———

(Ibid. l. 25.—Ibid. l. 8.)

[106] *Ouvrez les yeux.* Je crois que l'expression chinoise *fang-tsing-
si* (*vulgo :* laisser aller, subtil, délié : 2,275, 10,990, 8,852), que les
dictionnaires ne donnent point, signifie " revenir à soi, reprendre ses
esprits.' On dit aussi dans le même sens: *fang-tsing-tcho* (1,202).
Dans la pièce 94, intitulée Ho-lang-tan, fol. 7, v. l. 4, Li-yeu-ho
adresse ces paroles (*reprenez vos esprits*) à son épouse mourante.
L'auteur ajoute : (elle s'éveille, elle reprend ses esprits et chante).
Dans la même pièce, fol. 16, v. l. 9, Wan-yen, sentant sa fin ap-
procher, dit qu'il va profiter du peu de forces qui lui reste (tch'in-ngo-
t'sing-si : 936, 3,002, 10,990, 8,852) pour parler à son fils adoptif, et
lui révéler le secret de sa naissance. Un autre passage de *T'cou-ngo-
youen,* pièce 86, fol. 16, r. l. 7, où l'auteur écrit, dans le même sens,
fang-tsing-chin (" animal-spirits :" 10,990, 9,265) semble démontrer
que *tsing-si* (*vulgo :* subtil, délié) signifie : esprits animaux, force vitale.

———

(P. 32, l. 5.—F. 17, r. l. 1.)

[107] *Mon courage s'évanouit.* Litt. : Mon fiel s'envole, mon âme se
perd. Je ne puis empêcher que mille filets de larmes ne s'échappent
de mes deux yeux.

———

(Ibid. l. 28.—F. 17, v. l. 1.)

[108] *Oh ! ciel, je mourrai !* Dans le texte, il faut entendre le passage
correspondant, comme s'il était terminé par une interrogation. Voy.
Not. 103.

———

(P. 33, l. 2.—F. 17, v. l. 2.)

[109] *Allez choisir,* etc. Lorsqu'il s'agit d'enterrer quelqu'un, on
emploie presque toujours ces mêmes expressions : *Kao-youen-siouen-ti,*
etc. J'ai trouvé cette phrase plus de dix fois dans des pièces du même
recueil. Voy. la pièce 94, intitulée *Ho-lang-tan,* fol. 17, v. l. 8.

118

(P. 33, l. 3.—F. 17, v. l. 4)

110 *Comme il faut.* Litt.: Tout doucement.

(Ibid, l. 12.—Ibid, l. 6.)

† 111 *La moindre chose du mobilier.* Litt.: "Je ne veux point de tous ces effets grands ou petits." L'expression *kia-sse* (*vulgo:* maison, particulier, propre : 5,398, 9,678) se dit, non-seulement des effets mobiliers, mais même de toute espèce de biens, de propriétés. J'aime mieux traduire aujourd'hui: *Je ne veux pas la moindre chose de la fortune du seigneur Ma.* Voy. pièce 8, intitulée *Ho-han-chan*, fol. 42, v. l. 4. Tchang-i répond à Tchang-yeou, qui l'interroge sur sa famille : " S'il faut parler de mes ancêtres, ils avaient des biens (*kia-sse*) grands comme le ciel," c'est-à-dire immenses. Cependant, fol. 23, r. l. 2, l'expression *kia-sse* se trouve employée dans le sens d'effets mobiliers. Elle s'applique aux robes et aux ornements de tête que Haï-t'ang a donnés à son frère.

(Ibid. l. 15.– Ibid. l. 7.)

112 *Lui a donné le jour.* Le mot *yang* (11,878) qui signifie ordinairement *nourrir*, doit se traduire ici par *enfanter.* On le trouvera employé cinq ou six fois dans ce sens. Prémare, *Notit. linguæ sinicæ*, p. 75 : *yang wa-wa* (11,531-*bis*), " filiolum in lucem edere."

(Ibid. l. 19.—Ibid. l. 8.)

113 *Nourri toi-même.* Litt.: Allaité.

(Ibid. l. 23.—Ibid. l. 9.)

114 *Qui dévorant mille ennuis.* Mot à mot: Avalant l'amertume, et rendant (*ore vomens*) la douceur, j'ai dépensé je ne sais combien de soins pénibles.

(Ibid. l. 25.—Ibid. l. 9.)

115 *Pour l'élever jusqu'ici.* Mot à mot : " Etant sur la paume de ma main (c'est-à-dire dans mes bras), il s'est élevé et il a grandi." En traduisant, j'ai emprunté à la phrase précédente l'idée renfermée dans *sin-kin* (voy. 6,349), " peines, fatigues assidues."

(P. 33, l. 27.—F. 18, r. l. 1.)

[116] *On deviendrait mère à bon marché.* Le texte chinois dit seulement: de cette façon, (ce serait) bien facile.

(P. 34, l. 7.—Ibid. l. 4.)

† [116¹] *Si tu te retires.* Lisez: Si tu te retires de bon gré, je t'abandonne les richesses du seigneur Ma, sa maison avec toutes ses dépendances, et de plus son fils Cheou-lang. Quant à moi, je sortirai d'ici
les mains vides.

(Ibid. l. 10.—Ibid. l. 5.)

[117] *Je sortirai d'ici.* Mot à mot: Prenant seulement ce corps nu,
je sortirai de la porte (de la maison).

(Ibid. l. 20.—Ibid. l. 8.)

† [118] *Ce magistrat éclairé.* Lisez: Heureusement qu'il y a des juges
pour punir le crime. Voy. *Lo-li-lang*, pièce 90, fol. 13, v. l. 2.

(Ibid. l. 27.—F. 18, v. l. 1.)

† [118¹] *Qu'on envoie chercher*, Lisez: Qu'on interroge.

(Ibid. l. 27.—Ibid. l. 1.)

[119] *La femme qui m'a accouchée.* Mot à mot: La vieille femme qui
a coupé le cordon ombilical.

(P. 35, l. 2.—Ibid. l. 7.)

[120] *Je suis la propre.* Mot à mot: " Je suis la propre-propre propre
mère de-de-l'enfant. Cet enfant est le propre-propre propre enfant de-
de moi. C'est le cœur et le fiel de la dame, le ventre de la dame, les
talons postérieurs des pieds de la dame." L'expression " les talons
de la dame," se rattache peut-être à quelque usage particulier. Haï-
t'ang dit plus haut: l'enfant que j'ai mis au monde *devant les talons*
(fol. 7, recto, l. 6).

(Ibid. l. 9.—Ibid. l. 5.)

[121] *Les habitants de ce quartier.* Mot à mot: les rues (5,494, 2,270)
qui l'ont vu naître et grandir.

(P. 35, l. 12.—F. 18, v. l. 6.)

122 *C'est moi qui l'ai cachée.* Je n'ai trouvé nulle part le mot composé *tsang-maï* (*vulgo :* suborne-cacher ; 10,507, 7,484), dans le sens de *cacher.* Les dictionnaires avertissent que le mot *tsang* (10,507 *vulgo :* suborner) se prend quelquefois pour *ts'ang* (10,504) *cacher.* Je ne puis garantir mon interprétation. Voy. not. 98.

(Ibid. l. 24.—Ibid. l. 9.)

† 122ª *Et qui donc a empoisonné.* Lisez : Et qui donc a empoisonné son époux, qui donc a mérité la peine du talion ? Vous ne vous plaisez que dans le crime, et, après avoir fait périr les autres, etc.

(Ibid. l. 31.—F. 19, r. l. 2.)

123 *D'aussi corrompue, d'aussi barbare que vous.* Mot à mot : " où trouverait-on votre pervers cœur et entrailles." L'adjectif *taï* (9,727), " vicieux, méchant," se rapporte à cœur et à entrailles.

(P. 36, l. 5.—Ibid. l. 3.)

† 124 *Cette maison,* etc. Mot à mot : " Ces propriétés domestiques grandes et petites." Les mots *kia-sse-ta-siao* (5,398, 9,678, 9,721, 8,876) doivent s'entendre, en général, de tous les biens, de toute la fortune du seigneur Ma. Voy. Not. 111. Corrigez ainsi la traduction : Je vois clairement que je puis m'emparer de toute la fortune et du jeune enfant.

(Ibid. l. 9.—Ibid. l. 5.)

125 *N'est point mon fils.* Litt. : Ce n'est point moi qui l'ai mis au monde.

(Ibid. l. 11.—Ibid. l. 6.)

126 *Qui l'a accouchée.* Litt. : Qui a coupé le cordon ombilical.

(Ibid. l. 14.—Ibid. l. 7.

127 *Déposent en sa faveur.* Mot à mot : " Et que tous ces gens ne

soient pas tournés vers moi," c'est-à-dire, ne penchent pas pour moi,
ne me soient pas favorables.

(P. 36, l. 24.—F. 19, r. l. 8.)

[128] *Quand leur prunelle noire.* Mot à mot: Quand la perle de leur
œil noir aura vu ces onces d'argent blanc.

(Ibid. l. 27.—F. 19, v. l. 3.)

† [129] *Dans l'instant, on est venu demander Tchao.* Lisez: Dans l'instant, on vient de prononcer le nom de Tchao.

(P. 37, l. 12.—Ibid. l. 8.)

[130] *Tout l'héritage.* Ici les mots *kia-youen, kia-ki* (5,398, 12,559,
5,398, 5,336, *vulgo:* maison-cause, maison-calcul) semblent devoir se
prendre d'une manière générale pour *les biens, la fortune* du seigneur
Ma. Ces deux expressions composées ne se trouvent point dans les
dictionnaires.

(Ibid. l. 14.—Ibid. l. 9.)

[131] *Gagner le magistrat.* Mot à mot: "Prendre le magistrat, et,
du haut en bas, l'arranger, le disposer (8,661, 646) comme il faut."
L'auteur a employé plus haut (l. 1) l'expression *ngan-tchi* (2,834, 646)
dans le même sens.

(Ibid. l. 22.—F. 20, r. l. 2.)

[132] *N'est point votre fils.* Litt. : Ce n'est pas vous qui lui avez donné
le jour. Pourquoi le voulez-vous (prendre)?

(Ibid. l. 28.—Ibid. l. 5.)

[133] *Les héritiers.* Litt.: Le fils et les petits-fils.

(Ibid. l. 30.—Ibid. l. 6.)

[134] *Elle se contente de prendre à témoin.* Litt. "Elle a seulement
indiqué la vieille femme qui a reçu le nouveau-né, et les voisins du

quartier pour les prendre à témoin." J'ai mis *les femmes*, parce que Haï-t'ang en désigne toujours deux, savoir, celle qui a coupé le cordon, et celle qui a reçu le nouveau-né. Voy. fol. 18, v. l. 1.

(P. 38, l. 14.—F. 20, v. l. 2.)

[134] *Je la mènerai.* Litt.: J'irai courir une fois, pour présenter l'accusation.

(Ibid. l. 16.—Ibid. l. 3.)

[135] *Le proverbe dit.* Le premier passage se compose de deux vers blancs de cinq syllabes; le second, de deux vers blancs de sept syllabes.

(Ibid. l. 21.—Ibid. l. 4.)

[136] *Lui enlève quelques lambeaux de chair?* Litt. en latin : *Quin tigris, vulnerans hominem, comedat unam ex ejus clunibus?*

(P. 39, l. 14.—F. 21, r. l. 2.)

[137] *Mo-leng-cheou.* Il y a ici deux fautes dans le texte. Le caractère *mo*, qui est écrit avec la clef 119, et le caractère *leng*, qui est écrit avec la clef 115, doivent tous les deux avoir la clef 75. Voy. Morris. *Part* II. No. 6,921.

(Ibid. l. 16.—Ibid. l. 3.)

† [138] *Avec une sévérité inflexible.* Lisez: Avec une équité rigoureuse. Mot à mot: En traitant les uns (les coupables) avec sévérité, et en rendant les autres heureux, c'est-à-dire, en montrant de la bonté aux hommes vertueux. Voy. Morris. *Part* I. au mot *weï* (11,690), pag. 644, col. 2, et 645, col. 1 et 2.

(P. 40, l. 6.—Ibid. l. 5.)

[139] *Le tableau des causes.* Litt.: Le tableau des accusations, des plaintes judiciaires.—*Qui aurait pu croire?* Mot à mot: "Comment-pouvoir-savoir?" c'est-à-dire, comment aurais-je pu savoir?

(P. 40, l. 13.—F. 21, r. l. 7.)

[140] *Lui demander vengeance.* Il y a en chinois *youen-k'io* (12,510, 6,203), que les dictionnaires expliquent par *oppression injuste, mauvais traitement,* et par *accusation injuste,* qu'on fait peser sur quelqu'un. Madame Ma emploie ces mots par forme d'exclamation, comme si elle disait, "*à l'injustice! à l'injustice!*" en se représentant comme une personne opprimée, qui a besoin de la protection du juge. Voy. fol. 22, r. l. 6, où les mots *youen-k'io* sont employés de même sous forme d'exclamation. (P. 42, l. 13.)

(P. 41, l. 2.—F. 21, v. l. 2.)

[141] *J'étais presque parvenue.* Les chinois considèrent la perfection en tout genre comme composée de dix parties. Ainsi ils disent *chi-fen-hao* (9,232, 2,636, 3,258), "qui a dix parties de bonté," c'est-à-dire, qui est parfaitement bon; *ki'eou-fen-hao*, "qui a neuf parties de bonté," c'est-à-dire, qui est presque d'une bonté parfaite. Ils diminuent les parties, ou les degrés, à mesure qu'une personne ou une chose s'éloigne de la perfection. Ce passage signifie littéralement : Je me disais que prendre un mari (*lang-jin*) c'était dix fois parfait (*decies perfectum*), et neuf fois tranquille (*novies tranquillum*). Voy. not. 149.

(Ibid. l. 4.—Ibid. l. 2.)

[142] *La plus légère trace.* Les quatre mots *mo-wei-san-chao* (7,739, 11,647, 8,788, 9,122) signifient, je crois, en mot à mot : *extremae caudae tres pili,* trois crins du bout de la queue. Plus bas, fol. 29, r. l. 2, le mot *chao* est employé dans le sens de cheveux (10,366, 9,122).

(Ibid. l. 7.—Ibid. l. 4.)

[143] *Il n'y a que le ciel.* Litt. : Cette accusation sans fondement n'est connue (de personne), si ce n'est du ciel et de la terre.

(Ibid. l. 11.—Ibid. l. 5.)

[144] *Mais le ciel et les dieux.* Litt. : Il y a une providence et des dieux qui voient tout d'un regard pénétrant.

(Ibid. l. 21.—Ibid. l. 8.)

[145] *Tous les genres de tourment.* En chinois, il y a quatre mots qui

signifient littéralement *lier, arracher, suspendre, battre* (8,206, 8,135, 10,045, 5,133). Ces quatre mots paraissent désigner quatre espèces de torture.

———

(P. 41, l. 24.—F. 21, v. l. 9.)

[146] *T'exposer aux plus cruelles souffrances.* Il y a en chinois *chcou-chi*. Morrison (*Part* II, No. 9,357), to make away with a person by imprisonment and death.

———

(P. 42, l. 3.—F. 22, l. 2.)

[147] *Tous les genres de torture.* Litt.: " Je subirai je ne sais quelles tortures." Ici les mots *pang-kao* (*vulgo*, battre à coups de bâton : 8,195, 5,133) me semblent employés d'une manière générale. Ce sont les quatre mots cités plus haut, not. 145, qui m'ont engagé à écrire : tous les genres de torture.

———

(Ibid. l. 7.—Ibid. l. 3.)

[148] *Malgré mon innocence.* Litt.: Sans cause, sans motif. C'est-là le sens des mots *p'ing-pe-ti* (*vulgo :* unie-blanche-terre : 8,577, 8,526, 9,955).

———

(Ibid. l. 8.—Ibid. l. 4.)

[149] *Après avoir persévéré dans la sagesse et la vertu.* Mot à mot : " J'ai gardé sept parties de pureté, et neuf parties de chasteté." Voyez plus haut, note 141.

———

(Ibid. l. 10.—Ibid. l. 4.)

[150] *Les rigueurs de la question.* Mot à mot : " Six interrogations et trois investigations." Cette locution est très usitée pour exprimer la question. Voy. Not. 273.

———

(Ibid. l. 10.—Ibid. l. 5.)

[151] *Et les tortures.* Mot à mot : L'action de frapper dix mille fois et l'action de battre mille fois.

———

(Ibid. l. 13.—Ibid. l. 6.)

[152] *Justice! justice!* Voyez plus haut, note 140.

[153] *Elles s'agenouillent.* Le mot *k'aï* (*vulgo*: ouvrir, 4,931) indique qu'elles se séparent l'une de l'autre, qu'elles s'agenouillent séparément, l'une d'un côté, l'autre de l'autre.

(Ibid. l. 6.—Ibid. l. 1.)

[154] *Vous pouvez compter sur ma justice.* Les mots *tso-tchou* (to act as a master, to controul), précédés de *in-ni* (for you), signifient ici: Vous prêter appui, conduire cette affaire dans votre intérêt.

(Ibid. l. 20.—Ibid. l. 5.)

[155] *Ce titre de Youen-waï.* Litt.: Ce n'est pas du tout un Youen-waï.

(P. 44, l. 3.—Ibid. l. 8.)

[156] *Je l'accuse.* Avant cette phrase, j'ai omis quatre mots, qui se trouvent ensuite répétés deux fois, ce sont *ko pou-tchong-jin* (*vulgo*: une-pas-milieu-personne, 6,424, 8,701, 1,664, 4,693). L'expression *tchōng-jin* signifie ordinairement *mediator.* Je crois qu'au lieu de *tchōng-jin,* il faut prononcer *tchóng-jin;* auquel ton, *tchóng* signifie *convenir à.* Dans cette hypothèse, ce passage me semble pouvoir être traduit ainsi:

Madame Ma. Ce n'était point une personne comme il faut (allusion à son ancienne profession).

Un huissier d'un ton fâché. Ouais! J'ose croire que c'est une personne comme il faut (allusion à sa beauté).

Madame Ma. Eh! bien, oui, c'est une personne comme il faut. Je l'accuse, etc.

Plusieurs fois l'auteur a employé le mot *tchong* dans le sens d'*atteindre, convenir à,* sans avertir, à la fin de l'acte, que ce mot devait se prononcer au ton *k'iu* (*tchóng*). Voy. fol. 12, r. l. 6, et fol. 19, r. l. 3.

(Ibid. l. 23.—F. 23, r. l. 7.)

[157] *Et que, arrêtée par une difficulté soudaine.* Litt.: Sans doute qu'il y a un accusateur, et que de plus il (le juge) ne peut pas trancher la difficulté, trouver la décision.

(P. 45, l. 27.—F. 23, v. l. 6.)

[159] *Les six tribunaux.* Le tribunal se compose de très peu de personnes ; mais comme la peur grossit et multiplie les objets, Haï-t'ang, harcelée par les sergents, qui sont rangés autour d'elle dans une attitude menaçante, s'imagine qu'elle se trouve en présence des six cours suprêmes.

———

(P. 46, l. 8.—Ibid. l. 8.)

[159] *Des plus cruelles tortures.* Littér. : "Je veux manger (c'est-à-dire, endurer) les quatre supplices qui tuent l'homme." Ces tortures sont désignées ici, comme nous l'avons vu plus haut, note 145, par les mots *lier, arracher, suspendre, battre.*

———

(Ibid. l. 15.—F. 24, r. l. 3.)

[160] *Votre servante tirait du produit de sa beauté.* Litt. : "Je cherchais des aliments en étalant mon sourire." Voy. plus haut, note 7.

———

(Ibid. l. 18.—Ibid. l. 4.)

[161] *Ma mère et moi.* Litt. : Les enfants et la mère.

———

(Ibid. l. 22.—Ibid. l. 5.)

[162] *Il m'épousa en qualité de seconde femme.* Mot à mot : "Il m'épousa, pour former l'union de l'oiseau mâle *ing* (12,335), et de l'oiseau femelle *yen* (12,082)." Voy. plus haut, fol. 7, v. l. 5, et la note sur *ing-yen.* Je crois que le mot *siao* (8,876), *petit,* indique que Ma-kinn-k'ing l'épousa en qualité de seconde femme. *Siao* a ici la même valeur que dans les expressions *siao-lao-po* (8,876, 6,923, 8,608), et *siao-fou-jin* (2,465, 4,693), *seconde femme.* Voy. Morrison, *Part* III, p. 81, au mot *concubine.*

———

(Ibid. l. 27.—Ibid. l. 8.)

[163] *Un fils ou une fille.* Litt. : Un fils, ou la moitié d'une fille.

———

(P. 47, l. 3.—F. 24, v. l. 1.)

†[163a] *Je lui donnai un fils.* Lisez : J'eus un fils et une fille, et je leur donnai le jour au milieu des plus cruelles douleurs.

———

(P. 48, l. 10.—F. 25, r. l. 1.)

[164] *Deux langues et deux visages.* Mot à mot : "Deux visages et

trois couteaux (7,018, 7,612, 8,788, 9,907)." J'ignore l'origine de l'expression *san-tao* (trois-couteaux), à moins qu'elle n'ait quelque rapport avec la locution *siao-li-ts'ang-tao* (Voy. 8,896, l. 13), " cacher un couteau sous un sourire," c'est-à-dire, déguiser, sous un air riant, les projets les plus criminels. Voyez la pièce 91, intitulée *K'an-tsi'en-nou*, fol. 5, v. l. 9, et la pièce 75, intitulée *Ke-kiang-teou-tchi*, fol. 33, r. l. 1. Comparez la note 231.

(P. 48, l. 11.—F. 25, r. l. 1.)

[165] *Irriter son mari contre moi.* L'expression *pouan-t'iao* (8,753, 10,043), qui devrait se trouver dans les dictionnaires, signifie, je crois, aliéner à quelqu'un l'esprit, le cœur d'un autre, par exemple, à l'aide de faux rapports.

(P. 49, l. 11.—F. 25, v. l. 1.)

[166] *Mais à peine l'avait-il goûté.* Litt. : A peine en avait-il bu une ou deux gorgées.

(Ibid. l. 18.—F. 25, v. l. 3.)

[167] *C'est vous qui avez versé ce poison.* Litt.: Ce poison était le vôtre, venait de vous.

(Ibid. l. 25.—Ibid. l. 5.)

[168] *Qui m'ont aidée à mettre mon fils au monde.* Litt. : Madame Lieou-sse-chin, qui a reçu le nouveau-né, et madame Tchang, qui a coupé le cordon.

(P. 50, l. 10.—Ibid. l. 9.)

[169] *Quand on a reçu.* Ce proverbe se compose de deux vers de quatre syllabes.

(Ibid. l. 14.—F. 26, r. l. 2.)

[170] *Nous a priés de venir.* Mot à mot: Nous a appelés pour que nous fissions les témoins oculaires.

(Ibid. l. 15.—Ibid. l. 2.)

[171] *N'est point la mère de cet enfant.* Litt.: Ce n'est point un enfant que la femme légitime ait mis au monde.

(P. 50, l. 25.—F. 26, r. l. 5.)

¹⁷² *Quelle est la mère de cet enfant?* Litt. : Qui est-ce qui l'a mis au monde ?

(P. 51, l. 1.—Ibid. l. 6.)

¹⁷³ *Un voisin.* Il y a en chinois : *les deux voisins.* Peut-être que ces témoins, que madame Ma a préparés d'avance, parlent tous les deux à-la-fois, et font exactement le même récit.

(Ibid. l. 7.—Ibid. l. 9.)

¹⁷⁴ *Nous invita à venir boire.* Litt. : A venir boire le vin du mois accompli.

(Ibid. l. 8.—Ibid. l. 9.)

¹⁷⁵ *Nous vîmes alors le bel enfant.* Litt. : " Le bel enfant qui était né les pieds les premiers." Dans le texte chinois, au lieu de *wa-wa* (11,530) lisez *wa-wa* (11,531). Voy. Prémare, *Notit. linguæ sinicæ,* p. 75, l. 23.

(Ibid. l. 24.—F. 26, v. l. 5.)

¹⁷⁶ *Le voisin.* En chinois, litt. : *les deux voisins.* En tout cela nous épanchons notre cœur, nous vomissons notre fiel.

(Ibid. l. 27.—Ibid. l. 6.)

¹⁷⁷ *Je veux qu'il vous vienne.* Il me semble que le témoin aurait dû dire, " Je veux qu'il me vienne." C'est sans doute parce qu'il ment qu'il souhaite ce mal à Haï-t'ang.

(P. 52, l. 4.—Ibid. l. 8.)

¹⁷⁸ *Qui m'ont aidée.* Voyez la note 168.

(Ibid. l. 5.—Ibid. l. 9.)

¹⁷⁹ *Maintenant que je suis dans le malheur.* Je crains de ne pas bien entendre les trois mots *lang-pao-leou* (6,907, 8,223, 7,339). J'ai pensé qu'ils signifiaient littéralement : les flots enveloppent, entourent le petit tertre.

(P. 52, l. 9.—F. 27, r. l. 1.)

[180] *Outrager de la sorte la justice.* Litt.: Vous ne vous conformez pas du tout à la raison céleste.

(Ibid. l. 14.—Ibid. l. 3.)

[181] *Personne ne peut être mieux informé qu'elles.* Litt.: Elles doivent le savoir.

(Ibid. l. 15.)

[182] Tchao. Ajoutez: (*parlant à madame Licou-ese-chin*).

(Ibid. l. 18.—Ibid. l. 4.)

[183] *Nous faisons sept ou huit accouchements.* Il y a en chinois *cheou-seng*, recevoir les nouveau-nés.

(Ibid. l. 29.—Ibid. l. 8.)

[184] *Les traits de son visage.* Litt.: Je ne vis point les lèvres et les joues de la personne.

(P. 53, l. 4.—F. 27, v. l. 1.)

[185] *Pour délivrer.* Litt.: Pour couper le cordon au petit garçon.

(Ibid. l. 15.—Ibid. l. 7.)

[186] *Sur le lit de douleur.* Litt.: Sur la natte.

(Ibid. l. 19.—Ibid. l. 7.)

†[187] *Devant la chapelle.* Lisez: Dans la salle. Les mots *l'ang-tsien* se trouvent souvent avec ce sens. Voy. le *Hoa-ts'ien* trad. par Thoms, pag. 203 et *passim*.

(Ibid. l. 20.—Ibid. l. 8.)

†[188] *Vous n'êtes ni l'une ni l'autre avancées en age.* Lisez: " Si vous n'étiez pas toutes les deux avancées en age, comment pourriez-vous déposer de la sorte avec tant d'assurance?" Peut-être Haï-t'ang veut-elle dire qu'en vieillissant, elles se sont accoutumées à men-

tir avec autant d'assurance et de sang-froid que si elles disaient la vérité.

___

(P. 53, l. 22.—F. 27, v. l. 9.)

†189 *Est-il possible qu'avec de tels témoins.* Je crois qu'il vaut mieux rattacher ce dernier vers à la phrase précédente, et dire : Est-il possible qu'en présence du magistrat, vous ne distinguiez pas le vrai du faux, et la vertu du crime ?

___

(P. 54, l. 9.—F. 28, l. 3.)

190 *Il est doué d'assez d'intelligence.* Litt.: " Il sait examiner, distinguer les hommes et les choses." Cette locution, précédée d'une négation (*pou-seng-jin-sse*, 8,701, 8,820, 4,693, 9,643) s'applique ordinairement à une personne qui a perdu l'usage de ses sens, qui a perdu connaissance.

___

(Ibid. l. 11.—Ibid. l. 6.)

†191 *De ta rare intelligence !* Lisez : De ton amour pour ta mère ! Le mot *kouaï* (6,635) signifie ordinairement, "pervers, étrange, rusé." Dans un roman célèbre, nous avons trouvé *kouaï-kouaï- ul* dans le sens de *cher enfant !*

___

(Ibid. l. 15.—Ibid. l. 8.)

192 *Tu es doué d'assez de discernement.* Litt.: Toi, qui es sorti de mon sein, maintenant que tu connais les hommes et les choses, tu dois te rappeler que cette femme (c'est-à-dire moi) t'a allaité elle-même, et t'a porté dans ses bras pendant trois ans.

___

(Ibid. l. 20.—Ibid. l. 9.)

193 *De cette furie.* Il y a en chinois, " *Sang*, la jeune femme." La méchanceté de la jeune Sang est souvent citée dans ce recueil. Mais je ne possède sur elle aucune note historique. Voy. fol. 15, v. l. 4. Dans une autre pièce que j'ai lue, elle est qualifiée ainsi : la jeune femme Sang, coupable des dix crimes qui méritent la mort.

___

(P. 55, l. 4.—F. 28, v. l. 5.)

194 *Cette scélérate.* Il y a en chinois, *wan-p'i*, *tse-ko* (*vulgo:* peau

obtuse, os de brigand ; 11,554, 8,297, 10,926, 6,558), L'expression *wan-p'i* signifie *obstiné, entêté.*

(Ibid. l. 27.—Ibid. l. 3.)

[195] *J'ai entendu des cris confus.* Litt.: J'ai entendu près du pavillon de mon oreille, appeler à grands cris, appeler à petits cris. De cette façon, ce méchant greffier daigne pardonner, et les féroces licteurs montrent leur violence et leur cruauté.

(Ibid. l. 14.—Ibid. l. 8.)

[196] *La porte de cette enceinte.* Morrison, English chin. Dict., au mot *drama:* the stage door is called *koueï-men* (la porte des ombres : 6,768, 7,816), the door by which the shades of ancient personages come upon the stage and make their exit.

(P. 57, l. 4.—F. 29, v. l. 5.)

[196a] *Que je sois mille fois.* Mot à mot : j'ai opprimé mille fois, j'ai opprimé dix mille fois ; et tout à l'heure, en opprimant, j'ai obtenu de toi un enfant, ou ton enfant.

(Ibid. l. 8.—Ibid. l. 7.)

†[196b] *Qu'on lui attache encore.* Effacez le mot *encore.*

(P. 57, l. 12.—Ibid. l. 8.)

[197] *Qu'on lui mette au cou.* Litt. : Qu'on lui fasse porter cette grande cangue toute neuve.

(Ibid. l. 21.—F. 30, r. l. 3.)

†[198] *Il vient de tracer.* Lisez : il m'a fait tracer.

(P. 58, l. 2.—Ibid. l. 4.)

[199] *Impudente que vous êtes !* Il y a en chinois : *tchang-tsouï* (313, 10,209), frapper la figure avec un instrument de supplice qui a la forme d'une semelle de soulier. Cette expression signifie, je crois, qu'elle mériterait d'être souffletée. La suite du passage peut être traduite littéralement : Dans notre tribunal, lorsqu'on juge une affaire, le

magistrat est pur, la loi est juste, et chaque chose est conforme aux articles du code, etc.

————

(P. 58, l. 10.—F. 30, l. 7.)

[200] *Les rigueurs du cachot.* Litt. : Le cachot où l'on emprisonne ceux qui sont condamnés à mort.

————

(Ibid. l. 26.—F. 30, v. l. 2.)

[201] *Cette affaire est enfin terminée.* Litt. : Quoique cette affaire soit jugée, il me vient une pensée ; c'est que, moi qui suis le magistrat, je ne me mêle pas de rendre la décision.

————

TROISIÈME ACTE.

(P. 60, l. 3.—F. 31, r. l. 1.)

[202] *Un cabaretier.* Il y a en chinois : *tien-siao-eul* (*vulgo :* boutique-petit-deux, 10,110, 8,876, 11,522). Cette expression, qui est employée constamment dans les pièces de théâtre, pour signifier "cabaretier, marchand de vin," ne se trouve point dans les dictionnaires.

————

(Ibid. l. 4.—Ibid. l. 1.)

[203] *Je suis marchand de vin.* Avant ce passage, j'ai omis quatre vers de sept syllabes dont la pensée est d'une grossièreté dégoûtante. En voici le sens : "Dans mon commerce de vins, je compte force chalands ; ma boutique l'emporte sur toute autre par sa propreté. J'ai placé près des lieux (*prope latrinas*) le vase où je mets le vin, et quand on vient..," &c. Les mots *chi-fen-k'ouaï* (*vulgo :* dix-parties-gai, 9,232, 2,636, 6,630) signifient : très florissant.

————

(Ibid. l. 7.—Ibid. l. 4.)

[204] *De s'arrêter dans ma maison.* Litt. : Ils viennent tous boire dans ma boutique.

(Ibid. l. 14.—Ibid. l. 7.)

[205] *Un gendarme.* Il y a en chinois *kong-jin* (*vulgo :* public-homme ; 6,591, 4,693). Ce mot désigne les derniers employés du tribunal, qui tantôt appliquent la bastonnade (F. 29, r. l. 4), tantôt font l'office de gendarmes qui conduisent les criminels. J'ai écrit *gendarmes*, parce que c'est ici le rôle de T'ong-tchao et de Sie pa, et que plus haut, F. 29, v. l. 7, Tchao leur donne le nom de *kiaï-tsee* (*vulgo :* délier-fils, 5,483, 11,233), expression qui a exactement le second sens que nous avons donné plus haut à *kong-jin,* c'est-à-dire, ceux qui, par ordre du juge, conduisent quelque part un criminel.

(Ibid. l. 20.—F. 31, v. l. 1.)

[†205a] *Tu dois avoir faim.* Lisez : Nous avons faim. Tiens, voici quelques provisions : prends-en si tu veux. Nous allons acheter une tasse de vin, et quand nous aurons bu, nous poursuivrons notre route.

(P. 61, l. 6.—Ibid. l. 5.)

[206] *Je suis condamnée injustement.* Litt. : Je suis une personne qui ai reçu le crime injustement ; je mourrai ce matin ou ce soir.

(Ibid. l. 15.—Ibid. l. 7.)

[207] *Sur mon cœur.* Litt. : Qui est dans mon ventre.

(Ibid. l. 18.—Ibid. l. 8.)

[208] *Endurer la rigueur des tortures.* Il y a en chinois, mot à mot : "Je n'ai pas pu manger (les quatre tortures appelées) *t'iao, k'ao, peng paï* (être suspendue, battue, liée, déchirée)." Voyez not. 145.

(Ibid. l. 21.—Ibid. l. 9.)

[209] *Si tu nous donnais quelque chose, etc.* Je ne puis garantir la traduction de ce passage, qui m'a long-temps embarrassé. La difficulté vient surtout d'un mot de trois syllabes, dont j'ai cru deviner le sens, et qui ne se trouve pas dans les dictionnaires. C'est *tsan-k'cou-cut* (*vulgo :* petit ciseau, bouche, enfant ; 10,480, 6,514, 11,519).

(P. 62, l. 4.—F. 32, r. l. 4.)

[†209a] *Et ce cadenas de fer.* Lisez : Et cette chaîne de fer.

(P. 62, l. 10.—F. 32, r. l. 6.)

209b *Tu n'aurais pas le droit de nous accuser.* Litt. : Ce n'est pas nous qui t'avons impliquée dans cette affaire.

(Ibid. l. 31.—F. 32. v. l. 2.)

†209c *Pourquoi vous irriter ?* Lisez : Pourquoi ces cris furieux, pourquoi cette violente colère ?

(P. 63, l. 7.—Ibid. l. 5.)

†210 *Ne me fatiguez pas.* Lisez : Mon frère, si mon récit ne vous importune pas, veuillez m'écouter.

(Ibid. l. 11.—Ibid. l. 6.)

211 *Je me crus livrée aux supplices de l'enfer.* Il y a en chinois *mouan-mouan-hoang-cha* (*vulgo :* les immenses sables jaunes ; 7,846, 7,846, 4,398, 9,063). Cette expression, qui ne se trouve point dans les dictionnaires, signifie, je crois, les enfers (*infernæ sedes*). Voyez la pièce 91, intitulée *K'an-ts'ien-nou,* c'est-à-dire, *L'Avare,* F. 8, r. l. 3, mot à mot : En haut il y a le ciel pur et bleu ; en bas (c'est-à-dire sous la terre), il y a les immenses sables jaunes.

(Ibid. l. 12.—Ibid. l. 6.)

211a *Je ne pus supporter.* Litt. : Comment pouvais-je endurer les rigueurs de la question ? Ayant ainsi employé la violence, il prit le papier où étaient écrits les aveux, et me le fit signer.

(Ibid. l. 17.—Ibid. l. 8.)

212 *Tous les genres de tourments.* Voyez plus haut, not. 149 et 208.

(Ibid. l. 21.—Ibid. l. 9.)

213 *Je te laisserai reposer quelques instants.* Litt. : Je te ferai asseoir un instant, et tu marcheras de nouveau.

(Ibid. l. 26.—F. 33, r. l. 3.)

214 *J'ai senti une épine.* Mot à mot : J'ai mangé une épine tournée en haut.

(P. 64, l. 14.—F. 33, l. 8.)

²¹⁵ *Je suis le premier employé, etc.* Il y a en chinois : " Je suis dans ce K'aï-fong-fou ; j'ai l'emploi d'huissier du tribunal." J'ai complété ce passage d'après le texte, fol. 37, r. l. 9.

(Ibid. l. 16.—Ibid. l. 9.)

²¹⁶ *Le gouverneur Pao-tching.* En chinois : Pao, le *Taï-tchi.* Le mot *taï-tchi* (*vulgo :* attendre-régler ; 9,756, 576) ne se trouve dans aucun dictionnaire. Plusieurs pièces de théâtre, où figure le *Taï-tchi,* donnent pour synonyme *fou-in* (2,378, 12,281), "gouverneur du district où réside la cour." Morrison II, 12,281. Voyez la pièce 3, intitulée *Tch'in-tcheou-t'iao-mi,* fol. 23, r. l. 5, et *Hoeï-lan-ki,* fol. 39, r. l. 1.

(Ibid. l. 26.—Ibid. l. 3.)

²¹⁷ *Mes yeux troublés par les larmes.* L'expression *hoen-hoa* (*vulgo :* troublé-fleuri ; 4,315, 4,199) signifie ici *troublé, confus.* Quelquefois on se contente d'écrire *yen-hoa* (*vulgo :* yeux-fleurir) pour dire : j'ai la vue trouble. Voy. *Tcou-ngo-youen,* pièce 86, fol. 30, verso, l. 8 ; et *Thang-chi,* ix. fol. 26, v. *Louï-yen,* en latin : *lacrimantes oculi.*

(P. 65, l. 2.—F. 33, v. l. 4.)

²¹⁸ *Je redresse avec effort mes épaules tremblantes.* Litt. : " Dans ce lieu, me redressant une fois, j'élève mes épaules ; et pour marcher avec plus d'assurance, je presse de mes mains ma ceinture et mes hanches. Je voudrais le poursuivre ; mais comment le puis-je, avec cette chaîne et cette cangue que je porte?" Voy. la pièce 90, intitulée *Lo-li-lang,* fol. 33, v. l. 9 : " Vous ne porterez plus la cangue qui écrase le cou des criminels, ni la chaîne de fer qui serre leur ceinture."

(Ibid. l. 12.—Ibid. l. 7.)

²¹⁹ *Et délivre ta sœur.* Litt. : Comment délivreras-tu ta sœur?

(Ibid l. 16.—Ibid. l. 8.)

²²⁰ *Kouan-in.* Mot à mot : " Un vivant *P'ou sa* qui voit le siècle (*kouan-chi*)." Au lieu de *kouan-chi* (6,669, 9,1 2), on trouve plus souvent *kouan-chi-in* (12,275). Voyez Basile, Dict. chin. No. 9,899.

Les mots *kouan-chi*, *kouan-chi-in* et *kouan-in* (Voy. f. 46, v. l. 6.) ont tous les trois la même signification.

(P. 65, l. 27.—F. 34, r. l. 2.)

221 *Vile prostituée.* Mot à mot, en latin : *meretricis radix.*

(P. 67, l. 7.—F. 34, v. l. 6.)

222 *Elle aimait à.* Haï-t'ang veut parler de madame Ma.

(Ibid. l. 11.—Ibid. l. 7.)

223 *Je suis tombée dans l'abîme où tu me vois.* Je crois que le passage chinois signifie : " J'ai reçu de mauvais traitements." Le caractère *po* (*vulgo :* flot ; 8,605) ne doit pas se traduire ; c'est une particule auxiliaire. Voy. fol. 10, r. l. 1, où il n'ajoute rien au sens de la phrase pas plus que la particule *ye* (11,080) qui le précède.

(Ibid. l. 17.—F. 39, r. l. 2.)

224 *Les donner à mon frère.* Litt. : Les donner à mon frère, afin qu'il les prît et les emportât.

(Ibid. l. 22.—Ibid. l. 4.)

225 *Lui donna un breuvage.* Litt. : Lui donna en secret un breuvage.

(P. 68, l. 1.—Ibid. l. 7.)

226 *Cette méchante femme.* En chinois *tche-taï-ti-tsee-haï-eul* (*vulgo :* ce, méchant, frère cadet, petit enfant ; 480, 9,727, 9,979, 11,233, 3,097, 11,519). Expression injurieuse, qui ne se trouve point dans les dictionnaires. Il est remarquable qu'elle puisse se dire d'une femme. Dans la pièce 91, intitulée *L'Avare,* fol. 40, r. l. 3, l'auteur chinois l'applique, comme terme de mépris, à un pauvre homme, nommé *Tcheou-yong.*

(Ibid. l. 10.—F. 39, v. l. 1.)

227 *En voici.* Litt. : Il y en a.

(Ibid l. 17.—Ibid. l. 3.)

†228 *Je vous engage à.* Lisez : Rendez-moi le service de.

(P. 68, l. 19.—F. 39, l. 4.)

[229] *Vous n'avez pas besoin de nous donner cette recommandation.*
Lisez : Vous n'aurez pas besoin de nous le dire deux fois. Litt. : Ne
vous fatiguez pas à ordonner.

———

(P. 69, l. 5.—Ibid. l. 8.)

[230] *Dont le visage brille d'un éclat emprunté.* Mot à mot : dont
le visage est fleuri.

———

(Ibid. l. 7.—Ibid. l. 9.)

[231] *Quand son mari m'interrogea.* Mot à mot : " Ayant excité le
mari à m'interroger, elle profita de ses dents incisives, elle joua de
ses dents molaires. En face de son mari, elle dit des paroles de trois
façons." L'épithète *ling-li* (7,250, 6,948, *vulgo* : adroit, ingénieux), ap-
pliquée aux dents, exprime ici l'adresse perfide de madame Ma.
L'expression *san-tao* (*vulgo* : trois couteaux ; 8,788, 9,907), employée
plus haut (Voyez not. 164), dans la même circonstance, a peut-être
quelque rapport avec *san-pouan-hoa*, litt. : des paroles de trois façons,
c'est-à-dire qui sont en opposition avec tout ce qu'on a dit pré-
cédemment.

———

(Ibid. l. 18.—F. 36, r. l. 4.)

[232] *Ce monstre altéré de sang.* En chinois : *kiao-tsou-p'a* (*vulgo* :
troubler-scolopendre-arracher ; 5,652, 11,047, 8,135). Je n'ai trouvé
dans aucun dictionnaire le mot double *kiao-tsou.* Il paraît désigner ici un animal qui est l'emblème de la méchanceté, de la férocité.
Ce passage peut répandre quelque lumière sur un endroit précédent
qui présente de grandes difficultés. On lit, fol. 15, r. l. 8, litt. : " combien
de fois a-t-on vu ces actions de chien, ce cœur de loup (je traduirais
ensuite) ce ventre de *kiao*, ces entrailles de *tsou* ?" Il reste à savoir
s'il faut entendre ici que l'auteur parle de deux animaux différents
(*kiao* et *tsou*), ou s'il a simplement dédoublé le mot *kiao-tsou*, qui se
trouve dans le passage cité en tête de cette note. Voy. not. 95.

———

(Ibid. l. 20.—Ibid. l. 5.)

[233] *D'aller quelque part.* Litt. : " Je veux aller voir le vent." En
latin : *exire volo, ut naturæ necessitatibus satisfaciam.*

(P.69, l. 27.—F. 36, l. 7.)

²³⁴ *Qui puisse s'intéresser à son sort, etc.* Litt.: qui puisse solliciter pour sa vie.

(Ibid. l. 29.—Ibid. l. 8,)

²³⁵ *Quel bonheur!* Litt.: Quel bon débarras !

(P. 70, l. 7.—F. 36, v. l. 1.)

²³⁶ *Expédier leur prisonnière.* Litt. : Alors il sera bon d'abaisser la main, c'est-à-dire de faire le coup de main.

(Ibid. l. 23.—Ibid. l. 7.)

²³⁷ *Elle est bien audacieuse !* Litt.: "Elle a le fiel bien grand." Suivant les chinois, le fiel est le siège du courage.

(P. 71, l. 4.—Ibid. l. 9.)

²³⁸ *Prenez-moi cette femme.* Il y a une faute dans le texte. Au lieu de *pou* (8,668), " nourrir," lisez *pou* (8,670) " prendre, saisir."

(Ibid. l. 10.—F. 37, v. l. 1.)

²³⁹ *Qui de nous est innocent.* Je crois qu'il faut lire *ts'ing* (10,986), " pur," au lieu de *ts'ing* (10,984)" affection." *Fong-ts'ing,* (*vulgo:* vent-pur) pour dire : les mœurs sont pures, la conduite est irréprochable. Voyez Morrison, au mot *fong* (2,758), et Gonçalvez, *Arte china,* p. 397, l l

---

(Ibid. l. 18.—Ibid. l. 5.)

²⁴⁰ *Et par la faute de ces hommes, etc.* Litt.: Et parce que ces (hommes) l'ont fait fuir au bas de mes marches, cette femme s'est échappée.

(Ibid. l. 20.—Ibid. l. 6.)

²⁴¹ *A quoi ont servi, etc.* Litt.: Cela a rendu inutiles tous mes discours; cela a rendu vains les efforts de mon frère qui étaient devenus grands comme le ciel.

(P. 71, l. 27.—F. 37, l. 8.)

²⁴² *Imbécilles que vous êtes !* En chinois : *tsing-liu-khin-cheou* (*vulgo* : pur-âne-animal ; 10,990, 7,164, 6,374, 9,361). Le mot *khin-cheou*, litt. : *oiseau-quadrupède*, se dit des animaux en général.

———

(Ibid. l. 31.—F. 37, v. l. 1.)

†²⁴³ *Je n'ai pas peur que vous veniez.* Lisez : Je n'ai pas peur que vous veniez. Il faut entendre cette phrase dans le sens interrogatif : Ai-je peur que vous ne veniez m'accuser ? Nous avons déjà vu plusieurs exemples où le signe d'interrogation est sous-entendu. Voy. not. 103, 104.

———

(P. 72, l. 2.—Ibid. l. 2.)

²⁴⁴ *Puisque le maître que je sers.* Litt. : "Puisque vous êtes un archer du supérieur," c'est-à-dire du gouverneur de K'aï-fong-fou, de qui dépend Sou-chun.

———

(P. 74, l. 4.—F. 38, v. l. 3.)

²⁴⁵ *Un officier de justice.* En chinois *tchang-ts'ien* (*vulgo* : étendre-mille). Le mot *tchang-ts'ien*, qui ne se trouve point dans les dictionnaires, désigne un employé subalterne attaché au *Taï-tchi*, c'est-à-dire au gouverneur du district où réside la cour. A la maison, il fait l'office de domestique, prépare le thé et le riz, et prend soin du linge et des habits, etc. (pièce 2, intitulée *Kin-t'sien-ki*, fol. 9, r. l. 8) ; au tribunal, c'est un bas-officier de justice, une espèce de licteur, qui tantôt applique la bastonnade (*Hoei-lan-ki*, fol. 41, v. l. 6), tantôt inflige la peine capitale. Voy. la pièce 3, intitulée *Tch'in-tcheou-t'iao-mi*, fol. 43, v. l. 5.

———

(Ibid. l. 12.—Ibid. l. 6.)

²⁴⁶ *Mon nom de famille.* Avant cette phrase, j'ai passé deux vers de sept syllabes, qui me paraissent fort difficiles. Les voici : *Tsin-tao-nan-ya-tchouï-ming-fou* (*vulgo* : épuiser, voie, midi, tribunal, poursuivre, destin, maison : 10,959, 9,945, 7,879, 11,827, 1,762, 7,732, 2,378). *Pou-siu-tong-yo-hc-hocn-t'aï* (*vulgo* : pas, il faut, orient, montagne sacrée, effrayer, âme, tribunal). Le second vers peut être traduit ainsi : "le tribunal redoutable du mont T'aï-chan est devenu inutile." L'expression *tong-yo-hc-hocn-t'aï*, "le tribunal du mont T'aï-chan, qui épouvante les âmes," se retrouve dans

un passage analogue, où figure le même gouverneur Pao-tching. Pièce 25, intitulée *Ho-t'ong-wen-tsee*, fol. 23, v. l. 4 : " Le gouverneur Pao s'avance et dit (*il récite des vers*): le tambour du tribunal résonne avec un murmure sourd et lugubre. Les licteurs sont rangés des deux côtés. On dirait le temple du dieu des enfers, où se décident la vie et la mort, ou le tribunal du mont sacré de l'orient, qui épouvante les âmes." Dans l'origine, j'avais ainsi traduit le premier vers : " Ma juridiction embrasse tout le ressort de la cour d'appel du midi ; c'est ce qui rend inutile, etc." Je me suis décidé à supprimer cette version sur laquelle je conserve des doutes.

(P. 74, l. 16, jusqu'à 23.—Ibid. l. 7.)

†247 *Tous les fonctionnaires publics*, etc. Le caractère *mei*, "chacun" (7,641), m'a empêché de voir qu'il s'agissait seulement de Pao-tching, et m'a fait commettre plusieurs fautes qui m'obligent de retraduire tout ce passage. " L'Empereur a voulu me combler encore de nouveaux bienfaits, pour me récompenser de mon désintéressement et de ma droiture, de ma fermeté et de ma persévérance dans le bien, de mon zèle ardent pour le service de l'état, de mon aversion pour tout lucre illicite, de mon empressement à ne fréquenter que des personnes d'une vertu éprouvée, et du soin que je mets à repousser de ma société les médisants et les flatteurs." La pièce 2, intitulée *Kin-ts'ien-ki*, offre (fol. 1, r. l. 8) un passage tout-à-fait analogue, à la lecture duquel je dois cette importante rectification.

(P. 75, l. 1.—Ibid. l. 9.)

248 *Du cabinet des antiques.* Long-t'ou paraît être une abréviation de *long-t'ou-ko* (*vulgo :* dragon-carte-galerie ; 7,402, 10,344, 6,450), salle où l'on conserve les tables astronomiques, les choses précieuses, les curiosités antiques, etc. Cette expression ne se trouve point dans les dictionnaires.

(Ibid. l. 1.—F. 39, r. l. 1.)

249 *Conservateur des chroniques et des archives.* L'expression *t'ien-tchang-ko* (*vulgo :* ciel-chapitre-galerie ; 10,095, 234, 6,450) signifie : un dépôt où l'on conserve les archives et les chroniques nationales. Elle ne se trouve point dans les dictionnaires.

(P. 75. l. 13.—Ibid. l. 4.)

250 *Au-delà de mon enseigne . . . prison.* Je ne puis garantir le sens que j'ai donné au passage chinois correspondant.

(Ibid. l. 23.—Ibid. l. 7.)

251 *Vingt-quatre cangues.* Litt. : "Vingt-quatre grandes cangues à queue de pic." *A l'ombre des acacias.* J'ai adopté le sens que Basile donne au mot *hoaï* (4,236). Dans la pièce 85, intitulée *Tchao-chi-kou-eul,* Prémare traduit ce mot par *cannellier.*

(Ibid. l. 24 —Ibid. l. 8.)

252 *Devant la salle où je rends mes arrêts.* Litt. : Devant la salle de l'administration bienveillante.

(Ibid. l. 25.—Ibid. l. 8.)

253 *De massues.* Litt. : De gros bâtons à dents de loup.

(Ibid. l. 29.—Ibid. l. 8.)

254 *La salle du gouverneur.* Litt. : La salle jaune.

(P. 76, l. 3.—Ibid. l. 9.)

255 *Les oiseaux.* Litt. : Les corbeaux et les pies n'osent pas faire entendre leurs cris bruyants.

(Ibid. l. 15.—F. 38, v. l. 5.)

256 *Je crains bien.* Litt. : Je crains qu'il n'y ait peut-être là-dedans une fausse accusation.

(P. 77, l. 8.—F. 40, r. l. 2.)

257 *Garde le silence.* Je crois avoir rendu la pensée de l'auteur. Cependant il y a en chinois, *ni-k'o-nou-tsouï* (*vulgo :* toi-pouvoir-effort-lèvres; 7,918, 6,428, 8,045, 11,209). L'expression *nou-tsouï,* qui ne se trouve dans aucun dictionnaire, est employée plusieurs fois dans le même sens. Voy. fol. 41, r. l. 4, et fol. 41, v. l. 1. Je crois qu'elle signifie littéralement : serrer fortement les lèvres.

(P. 78, l. 7.—F. 40, r. l. 2.)

258 *Allons, prends de l'assurance.* Litt.: Agrandis (ton) fiel.

(Ibid. l. 12.—Ibid. l. 1)

255ᵃ *Le tribunal du midi.* C'est-à-dire, le tribunal ouvert du côté du midi. Voy. *Teou-ngo-youen,* pièce 86, fol. 39, r. l. 1.

(Ibid. l. 27.—Ibid. l. 9.)

259 *Seigneur.* Il y a en chinois *hing-ngan-sse-li* (*vulgo*: supplice, sentence, magistrat; 3,053, 2,837, 9,648, 6,945). Cette expression désigne, je crois, Pao-tching, qui remplit les fonctions de juge criminel.

(P. 79, l. 2.—F. 41, r. l. 1.)

†260 *Vous les renverrez.* Lisez: Je les renverrai.

(Ibid. l. 12.—Ibid. l. 5.)

261 *Regarde Tchang-lin.* Il y a deux fautes dans le texte. Au lieu de *tchang-ts'ien,* lisez *Tchang-lin,* dans ce membre de phrase et dans le suivant. La même faute doit être corrigée plus bas, ligne 9.

(Ibid. l. 14.—Ibid. l. 5.)

262 *Parle toi-même.* Litt.: Parles-tu ?

(Ibid. l. 14.—Ibid. l. 5.)

263 *Depuis que tu es au monde.* Litt.: Depuis qu'elle est sortie du sein de sa mère.

(P. 80, l. 9.—F. 41, v. l. 5.)

264 *Qui est-ce qui t'a chargé de répondre?* Litt.: Qui est-ce qui t'a interrogé ?

(Ibid. l. 19.—Ibid. l. 9.)

†265 *Si tu es son frère* Lisez: " Si tu es son frère, je veux bien excuser les paroles inconsidérées que tu viens de proférer devant mon tribunal." Litt.: On peut savoir que, à cause des sentiments d'un frère aîné pour sa sœur cadette, il est permis de proférer deux ou trois fois, devant le tribunal, des paroles confuses.

(P. 81, l. 2.—F. 42, r. l. 5.)

266 *Qui me pressent et me harcellent.* Litt. : " Ces licteurs, qui sont rangés autour de moi comme des tigres et des loups méchants et acharnés." L'expression *hen-hen* (3,206), que je traduis par *acharnés*, se dit particulièrement des chiens qui se battent entre eux, par exemple, quand ils se disputent une proie.

(Ibid. l. 4.—Ibid. l. 5.)

267 *Je vous exposerai en détail.* En chinois, *ngo-i-sing-sing-chouc* (*vulgo :* moi-un-étoile-étoile-dire ; 3,002, 12,175, 9,476, 9,429.) Le dictionnaire P'in-tsee-t'sien explique *sing-sing* (*vulgo :* étoile-étoile) par *tien-tien* (10,114, point-point), c'est-à-dire, *un à un, de point en point.*

(Ibid. l. 7.—Ibid. l. 7.)

268 *Quelle était votre condition?* Litt. : " Dans l'origine, de quelle espèce de gens étiez vous fille, (quand) vous avez épousé.. ?" Le même passage se trouve plus haut, fol. 24, r. l. 1 ; mais le mot *kia* (épouser) est précédé de *tseng-seng,* " comment ;" c'est-à-dire : Comment se fait-il que vous ayez épousé.. ?

(Ibid. l. 12.—Ibid. l. 9.)

269 *Je vivais parmi les fleurs et les saules.* Mot à mot : " J'étais route de saules, chemin de fleurs." Voy. la trad, p. 5, l. 1, où l'expression *fleurs* et *saule* désigne les filles de joie.

(Ibid. l. 12.—Ibid. l. 9.)

270 *Je reconduisais l'un.* Cette locution s'applique constamment aux filles de joie, qui n'ont pas plus tôt quitté un amant, qu'elles en reçoivent un autre. Voy. la trad. p. 13, l. 2.

(Ibid. l. 14.—Ibid. l. 9.)

271 *Mon occupation habituelle, etc.* Litt.: J'étais une danseuse, une fille chanteuse (*cantans meretrix*).

(P. 82, l. 9.—F. 82, v. l. 5.)

272 *Oui, Seigneur.* Mot à mot : " Oui, oui, oui ; il prit et emporta mes robes et mes ornements de tête (*vulgo :* ces, tête, visage, vêtements,

manches)." Nous avons déjà vu plusieurs fois l'expression *t'cou-mien* (tête-visage). Elle désigne, je crois, une ou plusieurs aiguilles de tête. Voy. fol. 34, v. l. 7, et la not. 74.

***

(P. 83, l. 8.—F. 43, r. l. 5.)

273 *J'eus à subir.* Mot à mot: " Je mangeai un peu six interroga-tions et trois investigations." Voy. not. 150.

***

(Ibid. l. 20.—Ibid. l. 8.)

274 *Poussée par sa perversité.* Litt.: Se confiant à son méchant cœur, à ses (méchantes) entrailles, de mille manières montrant sa jalousie.

***

(P. 84, l. 17.—F. 43, v. l. 4.)

275 *Je n'ai pu supporter les tortures.* Mot à mot: Je n'ai pu manger ces bâtons (qui me) pressaient, qui me faisaient violence.

***

(Ibid. l. 24.—Ibid. l. 6.)

276 *Un magistrat qui torture les accusés.* Litt.: Un magistrat qui impose (aux accusés) par les dents et les ongles, et ne demande pas, etc.

***

(Ibid. l. 27.—Ibid. l. 7.)

277 *Un ennemi acharné.* Haï-t'ang veut parler du greffier Tchao, qui avait pris la place de Sou-chun.

***

(P. 85, l. 1.—Ibid. l. 7.)

278 *Ces cruels sergents.* Il y a dans le texte: *tchi-heou* (551, 4,154); en anglais: *attendants.* Le mot *tchi-heou* désigne les gens qui es-cortent un fonctionnaire public, ses acolythes. Je l'ai traduit plu-sieurs fois par *huissiers,* parce que les trois personnages, dont ces employés exécutent les ordres, figurent dans cette pièce en qualité de juges. L'auteur emploie quelquefois (fol. 29, r. l. 9.) le mot *tchi-ts'ong* (551, 11,154), qui signifie également: gens de la suite (*attend-ants*). Ils font ici l'office de licteurs, qui appliquent la bastonnade aux accusés. L'auteur les désigne aussi par les mots *kong-jin,* et *kong-li* (6,591, 4,693. 6,591, 6,945). Voy. fol. 29, r. l. 4, et fol. 42, r. l. 6.

(P. 85, l. 1.—Ibid. l. 7.)

²⁷⁹ *Je restai sans défense et sans appui.* L'expression *wou-pa-pi* (*pi*, mur; 11,779, 8,098, 8,499) a le même sens que *wou-pa-pi* (*pi*, nez: 8,103, 8,349), et *wou-pa-pi* (*pi*, bras: 8,349) dans Prémare (Notit. ling. sinicæ, p. 52): *nullum habet fundamentum, nihil habet quo nitatur.*

(Ibid. l. 5.—Ibid. l. 9.)

²⁷⁹ª *Les dépouille entièrement.* Litt.: Enlève une couche de peau.

(Ibid. l. 6.—Ibid. l. 9.)

²⁸⁰ *On m'accable de blessures.* Mot à mot: celle qui mange (qui reçoit) la bastonnade a de la peine à endurer la douleur.

(Ibid. l. 8.—F. 44, r. l. 1.)

²⁸¹ *Mes articulations.* Litt.: Etant battue, je tombe en défaillance; à chaque coup (*i-hia-hia*), toutes mes articulations frappées, se brisent. Ils manient le bâton d'un cœur égal, et chaque poignet a, c'est-à-dire fait, de violents efforts.

(Ibid. l. 14.—Ibid. l. 3.)

²⁸² *Les gens de Tching-tcheou.* Voy. fol. 29, v. l. 6.)

(Ibid. l. 14.—Ibid. l. 3.)

²⁸³ *Viennent d'être amenés.* Voy. fol. 39, v. l. 6. Comparez *Teou-ngo-youen*, pièce 86, fol. 37, r. l. 1.

(P. 86, l. 11.—Ibid. l. 9.)

²⁸⁴ *Un cercle.* En chinois: *lan-eul* (6,896, 11,519). Le mot *lan* (*vulgo*: empêcher) est employé ici pour *lan* (6,895), qui se trouve dans le titre *Hoeï-lan-ki.* L'acception de ce dernier mot (6,895) paraît empruntée au sens de *lan* (6,897), *barrière* pour enfermer des animaux. Morrison regarde ces deux caractères comme synonymes, et écrit le mot *lan-kan* (barrière, balustrade) avec l'un et l'autre.

(P. 87, l. 20.—F. 45, r. l. 3.)

²⁸⁵ *Après l'avoir porté dans mon sein pendant neuf mois.* Litt.: Je fus enceinte pendant dix mois.

(P. 87, l. 22.—Ibid. l 3.)

²⁸⁶ *Je lui prodiguai tous les soins.* Mot à mot: j'avalais l'amertume, je rendais (*ore evomebam*) la douceur. Voy. not. 114.

(P. 88, l. 10.—F. 45, v. l. 1.)

†²⁸⁶ᵃ *Comprendre.* Lisez : Partager.

(Ibid. l. 16.—Ibid. v. l. 2.)

²⁸⁷ *Vous entendriez ses os se briser.* Litt. : On briserait ses os, on blesserait sa chair.

((Ibid. l. 19.—Ibid. l. 4.)

²⁸⁸ *Quoique le sens de la loi.* Litt. : Quoique la pensée de la loi soit éloignée.

(Ibid. l. 22.—Ibid. l. 4.)

²⁸⁹ *Quand vous avez vu ses actions.* En chinois *chi-k'i-so-i* (*vulgo :* voir, lui, ce que, se servir : 9,184, 5,194, 9,484, 1,891). Le mot *i*, qui signifie le plus souvent *se servir de*, a ici le sens de *faire* (agere). Ce passage est emprunté au *Lun-iu*, l. 1, cap. 2, § 10. Tchou-i explique ainsi la pensée de l'auteur : " *i* signifie *faire* (11;649). Celui qui *fait* le bien, est un sage; celui qui *fait* le mal, est un homme petit." Voy. Prémare, *Notit. linguæ sinicæ*, p. 178, § 3, et Davis, Chinese Novels, p. 46. M. Rémusat, en traitant du mot *i* (*Gramm. chin. part* 1.) lui a donné, par erreur, les sens de " *se servir de,*" dans ce même passage de *Lun-iu.*

(P. 89, l. 6.—F. 46, r. l. 1.)

²⁹⁰ *Je m'étonne qu'il ne revienne pas.* Litt. : " Comment se fait-il qu'il ne revienne pas encore de bonne heure ou tard." Le mot *tsao* (*vulgo :* puce, 10,567) se prend ici pour *tsao* (10,540), matin. Nous avons déjà vu plusieurs fois l'expression *tsao-wan* (matin-soir) employée dans le sens de " bientôt, d'un moment à l'autre." Voy. fol. 5, v. l. 9.

(Ibid. l. 14.—Ibid. l. 4.)

²⁹¹ *Vous vous êtes attiré une belle affaire !* Il y a en chinois : cette belle sentence.

(P. 89. l. 26 —Ibid. l. 7.)

²⁹² *Je ne suis entre ses mains qu'un instrument passif.* Litt.: " Dans sa main, je ne suis pas autre chose que le pouce qui le gratte en haut et en bas, où cela le démange " *Kong-tchoang* signifie la copie des réponses de l'accusé ou des témoins.

(P. 90, l. 11.—F. 46, v. l. 4.)

²⁹³ *Ce ne serait plus qu'un masque hideux.* Mot à mot: Elle deviendrait je ne sais quelles lèvres joues.

(P. 91, l. 10.—F. 47, r. l. 3.)

²⁹⁴ *Vous espériez vivre pour toujours.* Litt.: Vous espériez que la femme légitime de Ma deviendrait pour toujours votre épouse.

(Ibid. l. 13.—Ibid. l. 4.)

²⁹⁵ *Nous voici en présence l'un de l'autre.* Mot à mot: moi, avec vous, vis-à-vis des lèvres, vis-à-vis des lèvres.

(P. 92, l. 14.—F. 47, v. l. 6.)

²⁹⁶ *Lâche que tu es! dépêche-toi d'avouer.* Le texte chinois a une énergie qu'il serait difficile de rendre en français. Il signifie litt.: " Toi, ce mendiant de la vie," c'est-à-dire toi qui mendies la vie! La pièce 94, intitulée *Ngo-lang-tan*, offre (fol. 32, v. l. 1) un passage analogue, mais plus développé, et plus touchant. " *Weï-pang-yen* se prosterne jusqu'à terre et dit: Seigneur, pardonnez à ce pauvre vieillard. Quand j'ai commis tous ces crimes, j'étais jeune et sans expérience. Maintenant, je suis accablé d'années; je jeûne tous les jours, et je ne cesse de prier le dieu Fo. Non seulement je ne voudrais pas tuer un homme, mais je n'oserais même écraser une mouche. Il est vrai que j'ai voulu ôter la vie à votre père; mais, heureusement, il jouit d'une parfaite santé. Je vous en supplie; pardonnez à un pauvre vieillard, et accordez-lui la liberté et la vie. *Tchang-iu-ngo* dit: Mendiant que tu es! pourquoi demander grâce? Mourons, mourons bien vite, pour fermer les yeux ensemble. Pendant la vie, nous partagions la même couche; une fois morts, nos corps reposeront dans la même fosse. Quand nous serons au bas de la fontaine jaune (dans l'autre monde), quel bonheur n'éprouverons-nous pas d'être réunis pour toujours comme deux fidèles époux !"

(P. 92. L. 18.—Ibid. l. 8.)

²⁹⁷ *Dans l'autre monde.* Litt. : Au bas de la fontaine jaune.

(P. 93. l. 2.—F. 48, r. l. 4.)

²⁹⁸ *Il seront punis plus sévèrement.* Litt. : On ajoutera un degré de plus qu'aux hommes ordinaires.

(Ibid. l. 4.—Ibid, l. 4.)

²⁹⁹ *Et seront exilés aux frontières.* Litt. : " Ils seront envoyés dans une contrée éloignée et insalubre, pour remplir l'armée" (*t'chong-k'iun*, 1,683, 6,234). Voyez les dictionnaires de Basile et de Morrison, au mot *tch'ong*, remplir. Comparez fol. 48, v. l. 7.

(Ibid. l. 5.—Ibid. l. 5.)

³⁰⁰ *Pour avoir tué.* Litt. : Ne devaient pas se servir de poison, etc.

(Ibid. l. 16.—Ibid. l. 9.)

³⁰¹ *Entretenir une passion criminelle.* Avant cette phrase, il y a en chinois : *maï-siao* (7,482, 8,878) " faire parade de sa beauté." Cette expression s'applique ordinairement à une femme. Voy. fol. 1, v. l. 2. et not. 7.

(Ibid. l. 22.—F. 48, v. l. 2.)

³⁰² *Sur la place publique.* Litt. : devant les degrés (*iu-kiaï-tsien*; 12,398, 5,472, 10,720). Ce passage implique contradiction ; il est dit plus haut, que les deux principaux coupables seront exécutés *sur la place publique*. Au lieu de *kiaï* (5,472), " degrés, escalier," je proposerais de lire *kiaï* (5,494) " chemin qui communique à quatre rues, et où le peuple se réunit comme sur une place publique ou un marché." Ce même mot *kiaï* entre dans la composition de *kao-kiaï* (5,152, 5,494), qui était autrefois le lieu où l'on exécutait publiquement les criminels. Un passage analogue de la pièce 8, intitulé *Ho-han-chan*, vient à l'appui de cette correction. Voy. cette pièce, fol. 48, r. l. 2.

(Ibid. l. 30.—F. 48, v. l. 4.)

³⁰³ *Que vous exposiez devant le juge.* Litt. : Que vous rendiez (*ore evomebatis*) votre fiel, que vous inclinez (*épanchiez*) votre cœur. Voy. fol. 26, v, l. 6.

(P. 94, l. 4.—Ibid. l. 5.)

[304] *Greffier.* En chinois *kong-mo* (*vulgo :* trou-œil; 6,602, 7,803). Ce mot ne se trouve pas dans les dictionnaires. Tchao dit, fol. 46, r. l. 6, qu'il a, dans le tribunal, l'emploi de *li-tien* (6,945, 10,119), qui paraît être le même mot que *tien-chi* (10,119, 9,148), " espèce de greffier." Voy. fol. 23, r. l. 6, où Tchao dit qu'il expédie (c'est-à-dire qu'il fait la copie légale) des pièces officielles, des actes judiciaires; et, fol. 46, r. l. 8, où il dit que son occupation unique est " de tenir le pinceau et d'écrire les dépositions des accusés."

(Ibid. l. 9.—Ibid, l. 7.)

[305] *A démêlé.* Litt. : " *K'aï-fong-fou,* par l'enquête judiciaire, a fait sortir, c'est-à-dire a découvert."—*Tous les fils.* En anglais : *The circumstances from which the affair originated.*

FIN DES NOTES.

De l'Imprimerie de Cox et Fils, Great Queen Street,
Lincoln s-Inn Fields.

www.ingramcontent.com/pod-product-compliance
Lightning Source LLC
Chambersburg PA
CBHW072024080426
42733CB00010B/1809